LA LITERATURA DE LOS MAYAS

EL LEGADO DE LA AMÉRICA INDÍGENA

Serie dirigida por
MIGUEL LEÓN-PORTILLA
Y DEMETRIO SODI M.

EDITORIAL JOAQUÍN MORTIZ · MÉXICO

LA LITERATURA
DE LOS MAYAS

por

DEMETRIO SODI M.

Primera edición, agosto de 1964
Octava reimpresión de la
Primera edición, mayo de 1988
D.R. © 1964, Editorial Joaquín Mortiz, S.A. de C.V.
Grupo Editorial Planeta
Insurgentes Sur 1162, Col. del Valle
Deleg. Benito Juárez, C.P. 03100
ISBN 968-27-0045-0

NOTA PRELIMINAR

Para poder publicar la presente recopilación de textos literarios mayas, tuvimos que enfrentarnos a varias dificultades. La primera fue la de que el material existente en su mayor parte está todavía en la lengua original en la que fue escrito, es decir, que no se ha publicado en alguna traducción a las lenguas modernas. Por lo tanto, y ante la imposibilidad de emprender la tarea de traducir el inmenso material original, tuvimos que limitarnos a elegir entre los textos publicados en otra lengua.

Por otra parte, mucho de este material no estaba traducido al castellano, sino principalmente al inglés, y hubo que traducirlo al castellano, pero entonces sí procurando preparar las versiones directamente del original maya, para evitar el publicar traducciones de traducciones que harían perder todo el valor y el sentido de los textos. En este aspecto, no pudimos trabajar más que en los textos escritos en maya yucateco y en maya lacandón, que son las lenguas que conocemos. Y aquí conviene aclarar que estas dos lenguas no son sino algunas de las veintiuna que aún se hablan en la actualidad en la zona maya, por veintiún pueblos mayances que están distribuidos en los estados de Chiapas, Tabasco, Campeche, Yucatán y el territorio de Quintana Roo de la República Mexicana, en Belice, en Guatemala y en la zona occidental de Honduras.[1]

---

[1] Las lenguas mayances, por supuesto, están todas emparentadas entre sí. Lingüísticamente, pertenecen a la familia *maya* propiamente dicha. Sin embargo, la mayoría tiene tal cantidad de diferencias, que los indígenas que las hablan no se entienden unos a otros. A pesar, pues, de que todos estos grupos participaban en épocas prehispánicas de la misma cultura, no todos los textos pertenecientes a la cultura maya están escritos en la misma lengua, puesto que después de la Conquista algunos grupos redactaron en su lengua tradiciones y creencias, historias

En este sentido, podemos decir que lo que se conserva de literatura maya no tiene una homogeneidad de características como la tiene, por ejemplo, la literatura náhuatl, que aunque se dio en diferentes épocas y zonas geográficas, posee sin embargo características que la uniforman y la hacen aparecer como literatura propia de un mismo grupo étnico y lingüístico, así como participante de una misma cultura.

Aunque también los grupos mayas son de una misma etnia y una misma familia lingüística, los textos escritos en varias lenguas conservan características propias, lo que hace que aquellos que están escritos, por ejemplo, en maya-quiché, sean a veces muy distintos y de otra índole a los conservados, por ejemplo, en maya-lancandón.

Ello nos enfrentó también a otra dificultad, que era la de decidir en qué forma presentaríamos los textos. Vimos que era imposible publicarlos de acuerdo con sus características literarias, dividiéndolos tal vez en textos épicos, líricos, poéticos, míticos, etc., pues aún haciendo un todo con los conservados en cualquier lengua maya, no encontramos ejemplos que puedan encuadrarse en todas y cada una de dichas formas.

Tampoco pudimos agruparlos por lenguas, pues eso causaría problemas de localización para el público en general, a quien está dirigida esta publicación; ya que hay hablantes de algunas de las lenguas mayas que no están integrados al grupo principal, sino que viven en zonas aisladas. Esto también nos hubiera obligado a en-

y profecías. Para ilustrarse más ampliamente sobre este punto, cf. Anselmo Marino Flores, *Bibliografía Lingüística de la República Mexicana*. México, Ediciones Especiales del Instituto Indigenista Interamericano, 1957; Miguel León-Portilla, "México". *Anuario Indigenista*, vol. XXII, pp. 78-97. México, 1962; Mauricio Swadesh, "Ochenta Lenguas Autóctonas". *Esplendo1 del México Antiguo*, vol. I, pp. 85-96. México, 1959.

trar en múltiples explicaciones que no son propias de una publicación como la presente.

Decidimos por lo tanto publicarlos por zonas geográficas. Al realizar nuestras primeras observaciones sobre el material, encontramos que podríamos hacerlo, ya que quizá la única peculiaridad de la literatura maya es que posee características propias en cada zona geográfica. Podemos decir, ejemplificando, que los textos recogidos en Yucatán son fácilmente distinguibles de los que se conservan de la zona de Chiapas.

No sabemos hasta qué punto podemos hablar de una "literatura" propiamente dicha entre los pueblos mayas. La mayor parte de los textos que se conservan, a pesar de sus valores poéticos y literarios, son eminentemente religiosos, proféticos e históricos. Pero no fueron escritos con la finalidad de "hacer literatura".

A esta característica se añade la de que, a pesar de que el material que se conserva es en ocasiones de indudable origen prehispánico, fue escrito en su mayor parte en épocas tardías después de la Conquista, con innumerables interpolaciones cristianas occidentales, las cuales son muchas veces difíciles de descubrir, al grado que no se puede saber en ciertos casos qué es lo maya auténtico y qué es lo occidental. Además, una gran parte del material ha sido recogido en épocas muy recientes, en investigaciones etnológicas llevadas a cabo por modernos antropólogos. Por lo tanto, es un material que ha estado expuesto más tiempo a los contactos occidentales.

Debido a esto, muchos de los textos que presentamos, a los ojos del profano, no parecerán textos mayas. Pero, aclaramos, es lo único con lo que contamos. Y no podemos hacer aquí el intento de discernir lo que es de cada cultura, porque ello sería propio de un libro de investigación científica y no de una antología como la presente. Además, y aun a pesar de la interpolación, los textos, leídos detenidamente, nos dejarán el sabor de ser "otra cosa" distinta a lo occidental.

Es triste observar que los textos mayas hayan sido tan poco estudiados por los investigadores. Prácticamente no hay antecedentes sobre ellos, a pesar de que existen en algunos casos profundos estudios hechos sobre una que otra fuente. Pero la mayor parte está por hacerse. Se conservan aún una gran cantidad de textos mayas que no han sido ni siquiera descritos, menos paleografiados y traducidos, aunque se conoce su paradero y son más o menos de fácil acceso para el investigador.

La literatura náhuatl cuenta ya con magníficos estudios,[2] pero no bastan para conocer la riqueza literaria de la América Media. Faltan muchos estudios por hacer de otros pueblos ricos en la palabra, y debemos de incluir entre ellos a los mayas.[3]

Una última palabra. Queremos repetir que este libro está escrito con miras a la divulgación. No es para especialistas, y por ello no se encontrarán gran cantidad de notas de referencia, sino que las notas aparecen cuando ello es indispensable, y sólo una bibliografía mínima al final.

DEMETRIO SODI M.

[2] cf. Ángel Ma. Garibay K., *Historia de la Literatura Náhuatl*, México, Editorial Porrúa. 2 T, 1953 y 1954; *Poesía Indígena de la Altiplanicie,* Selección, versión, introducción y notas de Ángel Ma. Garibay K., México, Biblioteca del Estudiante Universitario. Nº 11, Universidad Nacional Autónoma, 3ª edición, 1962; Miguel León-Portilla, *Los Antiguos Mexicanos a Través de sus Crónicas y Cantares,* México, Fondo de Cultura Económica, 1961.

[3] Hay cuando menos datos suficientes para tratar de hacer una reconstrucción de la literatura de los tarascos, zapotecas y mixtecas.

INTRODUCCIÓN

La historia de los mayas

La historia maya prehispánica sigue, en términos generales, la misma cronología histórica de otros pueblos precolombinos. Poco se sabe de la prehistoria maya, y es hasta unos 500 años a. c. que es posible identificar claramente restos arqueológicos como mayas. Aunque estos restos se encuentran en la zona geográfica que fue ocupada por esa cultura [península de Yucatán, Chiapas y Tabasco en la República Mexicana, Belice, Guatemala y la zona occidental de Honduras], y aunque también existe la creencia de que la cultura maya empezó a desarrollarse en las tierras altas de Guatemala, la mayor parte de los especialistas se inclina a creer que el origen de la cultura maya fue el estado de Veracruz, en México, de donde los grupos que habían de constituir la familia maya, y que en aquella época participaban de' una cultura local conocida con el nombre de olmeca, emigraron al sur y ocuparon los sitios donde con el transcurso del tiempo habrían de crear una cultura grandiosa, en muchos aspectos superior a la de otros pueblos prehispánicos. Este primer periodo de la historia maya, que arqueológicamente se conoce con el nombre de Preclásico, tuvo varias fases de desarrollo que, ya en los primeros siglos de la era cristiana, alcanzaron su clasicismo, su máxima perfección.

El periodo clásico, en el que se construyen las grandes ciudades ceremoniales mayas, tales como Tikal, Uaxactún, Copán, Quiriguá, Palenque, Yaxchilán, Bonampak, etcétera, coincide con la era de Teotihuacán, la ciudad clásica por excelencia en el altiplano central de la República Mexicana, madre de la cultura náhuatl y cuya

9

influencia cultural, muy poderosa, alcanzó inclusive la zona maya, como lo comprueban varios restos arqueológicos hallados en ciudades mayas como las de Tikal y Kaminaljuyú.

Al igual que otros pueblos precolombinos, y sin que se conozca la causa de tal actitud, los mayas abandonan sus grandes ciudades hacia el siglo x d. c., y se van a poblar otras zonas, principalmente la península de Yucatán, en la cual ya estaban establecidos otros grupos mayas desde épocas anteriores.

Hasta este momento, el historiador no cuenta para sus reconstrucciones del pasado maya sino con los datos que aporta la arqueología. Pero de esta época hasta la Conquista española, una nueva fuente de información aparece: los códices, las crónicas y las historias, que en su mayor parte se empezaron a redactar después de la Conquista por indígenas y europeos, aprovechando el recuerdo todavía fresco de sucesos y tradiciones.

Este último periodo, el histórico, se caracteriza por dos hechos importantes: la influencia náhuatl dentro de la cultura maya, tan fuerte y notable como lo atestiguan las ruinas de Chichén Itzá que muestran dicha influencia en forma palpable, y la decadencia de la cultura maya, debida también principalmente a los grupos nahuas que incrementaron el sacrificio humano y la guerra, y que modificaron ciertos aspectos de la religión.

Hubo también varias alianzas entre pueblos gobernados por familias mayas y por familias de origen mexicano, y la última de ellas, la liga de las ciudades de Uxmal, Chichén Itzá y Mayapán, marcó, al terminar con una guerra sangrienta, la plena decadencia maya, de manera que al llegar los españoles encontraron un territorio dividido, pobre y que no reflejaba ya, sino en forma precaria, su antigua grandeza.

Fueron muchos los adelantos que alcanzaron los mayas. Entre ellos descuellan su arquitectura y las artes plásticas en general, así como su sistema calendárico, más perfecto que el juliano, y la forma de registrarlo, con jeroglíficos que se han descifrado casi totalmente.

También desarrollaron una escritura jeroglífica de la que desgraciadamente no se ha podido interpretar sino una mínima parte. Quizá cuando se descifre, sea una fuente más para el conocimiento de la literatura maya prehispánica.[1]

En base a los textos históricos indígenas podría intentarse la reconstrucción de su historia, tal como ellos la concibieron. A continuación presentamos nuestra versión castellana de uno que es ejemplo de ello. El original maya aparece en el Chilam Balam de Maní, de gran similitud en su contenido con la parte o capítulo XIII del Chilam Balam de Chumayel, según la división de Mediz Bolio (1930). Su contenido se refiere a los grupos de habla náhuatl que, procedentes del altiplano de la actual República Mexicana, llegaron a Yucatán, como hemos dicho antes, hacia el siglo XI d.C. Estos grupos aparecen designados como "los Xiú".

A pesar de que en general en la literatura científica se cita a esos grupos nahuas bajo el nombre de "toltecas", y a la cultura mestiza que crearon en Yucatán, cuyo máximo exponente es Chichén Itzá, bajo la denominación de "cultura maya-tolteca", la realidad es que

[1] Para conocer más ampliamente la historia de los mayas, se pueden consultar los siguientes libros: Fray Diego de Landa, *Relación de las Cosas de Yucatán*, Introducción y notas de Héctor Pérez Martínez, México, Editorial Pedro Robredo, 1938; Sylvanus G. Morley, *La Civilización Maya*, México, Fondo de Cultura Económica, 1953; Spinden, Herbert J. *Maya Art and Civilization*, Indian Hills, Colorado, The Falcon's Wing Press, 1957; J. E. Thompson, *La Civilización de los Mayas*, México, Publicaciones del Depto. de Bibliotecas, Sría. de Educación Pública, 1936.

los mayas habían recibido influencias culturales provenientes del altiplano desde muchos siglos antes al periodo tolteca, por lo que no todas esas influencias pueden ser llamadas "toltecas" ni siquiera "mexicanas" en un sentido más general, cosa que también se acostumbra.

Obviamente, estos textos hay que analizarlos, para que resulten de utilidad para el historiógrafo moderno, con crítica histórica meticulosa, nunca al pie de la letra. Ello se debe a que durante la Colonia, cuando fueron redactados, los indígenas no conservaban ya en forma pura las antiguas tradiciones y porque en ocasiones, desde el periodo prehispánico, los indígenas cambiaron la tradición histórica por muy diversas razones que no cabe exponer aquí. Sin embargo, reiteramos lo que hemos dicho en otra ocasión: independientemente de la mayor o menor utilidad de los textos en lenguas indígenas para la reconstrucción histórica; independientemente de que coincidan o no con los datos aportados por la arqueología o por otras fuentes, estos textos son de sumo interés para conocer, al menos, el tipo de conciencia histórica de algunos de los grupos indígenas del continente americano.

LA HISTORIA DE LOS XIÚ EN LA TIERRA MAYA

Este dicho Katun
dejaron su tierra y su casa:
Nonoualcan.
Ahí estaban los Tutul Xiú,
al poniente de Zuiná.
La tierra de donde vinieron:
Tulapa Chicunauhtlan.

Fueron cuatro los Katunes
que caminaron,

hasta que llegaron aquí
Holonchantepeuh y sus vasallos.
Así aparecieron en esta tierra.

Fue el ocho Ahau,
sucedió el seis Ahau,
el cuatro Ahau,
el dos Ahau.

Ochenta y un años,
porque el primer año
del trece Ahau
sucedió que llegaron aquí,
a la tierra.

Ochenta y un años
en total caminaron.
Salieron de su tierra
y llegaron aquí,
a la tierra de Chacnouitan.

Ocho Ahau,
seis Ahau,
dos Ahau.
Llegó a Chacnouitan
Ah Mekat Tutul Xiú.

Un año menos
que cien años
estuvieron ahí, en Chacnouitan.
Entonces fue descubierta
la comarca de Ziyan-caan
ahí, en Bakhalal.

Cuatro Ahau,

dos Ahau,
trece Ahau.

Sesenta años
gobernaron Ziyan-caan
y entonces bajaron aquí.
Los años de señorío en Bakhalal
terminaron.

Así, entonces,
aparecieron aquí
en Chichén Itzá.

Once Ahau, nueve Ahau, siete Ahau,
cinco Ahau, tres Ahau, uno Ahau.
Ciento veinte años gobernaron Chichén Itzá.

Entonces se abandonó Chichén Itzá.
Fueron a poblar Chanputún.
Ahí estuvieron las casas
de los Itzáes,
hombres divinizados. Ahí.

Seis Ahau.
Se apoderaron de la tierra de Chanputún.

Cuatro Ahau,
dos Ahau, trece Ahau,
once Ahau, nueve Ahau, siete Ahau,
cinco Ahau, tres Ahau, uno Ahau,
doce Ahau, diez Ahau, ocho Ahau.

Abandonaron Chanputún.
Doscientos sesenta años gobernaron Chanputún,
porque los hombre Itzáes vinieron

a reconocer sus casas,
por segunda vez,
en ese Katún.

Fueron los Itzáes bajo el árbol,
bajo la ceniza, bajo el bejuco
y ahí padecieron.

Seis Ahau, cuatro Ahau.
Cuarenta años y llegaron,
asentaron sus casas por segunda vez
desde que perdieron Chakanputún.

Este Katún: dos Ahau.
Asentó tierra en Uxmal
Ah Cuitok Tutulxiú.

Dos Ahau, trece Ahau, once Ahau,
nueve Ahau, siete Ahau, cinco Ahau,
tres Ahau, uno Ahau, doce Ahau,
diez Ahau.

Doscientos años gobernaron
sus Halach-uinicil, Hombres Verdaderos,
en Chichén Itzá y Mayapán.

Este Katún: once Ahau.
Nueve Ahau, Siete Ahau.
Ocho Ahau.
El Halach-uinicil, Hombre Verdadero
abandonó Chichén Itzá
por la palabra pecado de Hunaceel Cauich
contra Chacxibchac de Chichén Itzá.

Por la palabra pecado de Hunaceel,

Halach-uinicil Hombre Verdadero
de Mayapán, la Amurallada,
que fue a los noventa años.
Esto sucedió a los diez años del ocho Ahau.

Ese Katún la abandonaron
Ah Tzinteyutchan y Tzuntecum
y Taxcal y Pantemit, Xuch-ueuet
e Itzcuat y Kakaltecat,
que esos eran sus nombres.
Los grandes de Mayapán.

En este Katún ocho Ahau
fue la destrucción del señor de Tulum,
por sus abusos contra el señor de Itzmal.

Trece dobleces de Katún.
Fueron destruidos por Hunaceel,
para que entendieran su osadía.
Acabó el seis Ahau,
ciento diez años.

Seis Ahau, cuatro Ahau,
dos Ahau, trece Ahau, once Ahau.
Se conquistó la tierra de Mayapán,
la Amurallada,
por los de atrás, los de Tulum
para que el señorío dentro del pueblo de Mayapán
fuera mancomunado
entre los Itzáes y el señor de Tulum.

Eso sucedió a los ochenta y tres años,
sobre el once Ahau.

Destruyó Mayapán un extranjero,

Ah Uitzil, el señor de los Cerros
Tancah Mayapán.
El ocho Ahau se destruyó Mayapán.

Seis Ahau, cuatro Ahau,
dos Ahau Katunes.
Ese año fue el primer paso,
la llegada de los españoles
que vieron por primera vez
nuestra tierra,
la provincia de Yucatán,
a los sesenta años
de destruida la Amurallada.

Trece Ahau, once Ahau.
Hubo muerte violenta en las murallas
y gran calentura, viruela.

El trece Ahau murió Ah Pulá.
Faltaban seis años, aún no se contaban
cuando sucedió.
El cuatro Kan llegó Poop.
Dieciocho Zip, nueve Imix
el día de la muerte de Ah Pulá.
Caminaba ese año cuando sucedió.

Para que se sepa,
según la cuenta del número de años,
sucedió a los 1536 años.
Sucedió a los sesenta años
de destruida la Amurallada.

Aún no acababa de contarse el once Ahau
cuando llegaron los españoles, los hombres de Dios.
Vinieron por el oriente,

llegaron aquí, a la tierra.

El nueve Ahau empezó el cristianismo,
hubo bautizo.
Dentro de ese Katún llegó
el primer Obispo, Toral,
que ése es su nombre.

La literatura de los mayas

Los pueblos prehispánicos desarrollaron un sistema
de escritura pictográfica, ideográfica y parcialmente fonética. De estas escrituras la más conocida es la náhuatl,
tanto por los estudios de los jeroglíficos por varios investigadores, como porque de esta cultura se han con-
servado muchos textos que, aprendidos por los indígenas
en forma de memorización, fueron transcritos usando el
alfabeto latino pero en lengua náhuatl durante el siglo
XVI. Gracias a que los nahuas memorizaban sus crónicas
y tradiciones sistemáticamente, pudieron escribir, cuando
aprendieron el alfabeto latino, todo lo que los frailes y
cronistas les inquirían.

En cambio, la escritura maya prehispánica sólo ha
podido ser descifrada en parte. En lo que más se ha
podido profundizar es en la escritura matemática y cro-
nológica, pero la escritura literaria permanece casi del
todo desconocida. Los investigadores han tratado de
acercarse a ella, algunos considerando que era una escritura ideográfica, otros considerando que era fonética,
y por último, algunos pensando que era la mezcla de
ambos sistemas. Lo que mejores resultados ha dado es
el acercamiento a esta escritura considerándola ideográfica, aunque en realidad la última palabra sobre sus
características todavía no se puede decir.

Por otra parte, se sabe también que los mayas memorizaban sus tradiciones y creencias religiosas con un sistema muy parecido al náhuatl. Dice Fray Diego de Landa en su *Relación de las Cosas de Yucatán:* "Usaba también esta gente de ciertos caracteres o letras con los cuales escribían en sus libros sus cosas antiguas y sus ciencias, y con estas figuras y algunas señales de las mismas, entendían sus cosas y las daban a entender y enseñaban" (Landa, 1938).

Al igual que los nahuás, después de la Conquista varios sabios mayas que guardaban la tradición y sabiduría de su antigua cultura, se dedicaron a transcribirla en su lengua con caracteres latinos. La abundancia de estos textos no es, desgraciadamente, comparable con la abundancia de los textos nahuas, aunque no son menos importantes. Los textos mayas parece que son en lo general transcripciones de textos jeroglíficos (Thompson, 1959), pero éste no es un criterio compartido por todos los investigadores. A este respecto, dice Mediz Bolio (1930) refiriéndose a los textos del Chilam Balam de Chumayel: "Sin duda los textos del 'Chumayel', más o menos adulterados, provienen directamente de antiguos cantos o relaciones poemáticas que de padres a hijos fueron pasando, repetidos de memoria hasta los días de la dominación española, al principio de la cual algunos de los indios (probablemente sacerdotes) que aprendieron a escribir con los caracteres europeos consignaron sigilosamente por escrito todas las relaciones, con objeto de que no se perdieran en definitiva."

Por lo tanto, tal vez debamos decir que aunque seguramente hay textos después de la Conquista que transcriben escrituras jeroglíficas, hay también, en número regular, textos que necesariamente son los conservados oralmente, por medio de memorización que se lograba, tal vez, poniendo ante el estudiante los códices en forma de biombo que se le iban explicando y haciendo memorizar. De estos códices jeroglíficos prehispánicos, solamente se conservan tres de origen maya.

Después de la Conquista hay en las tradiciones conservadas, tanto oralmente como por escrito, frecuentes interpolaciones de textos, ritos, costumbres y tradiciones cristiano-occidentales. Estas interpolaciones comprueban también que no pueden ser simples transcripciones de textos jeroglíficos, y menos si consideramos que varias de ellas fueron escritas en los siglos XVII y XVIII, fechas en las que seguramente la lectura de los jeroglíficos había sido olvidada por los mayas.

Los textos mayas

Es difícil hacer una lista exhaustiva de los textos mayas que se conservan, tanto porque son bastante abundantes como porque hay algunos de los que se conoce tan sólo una somera descripción pero que en la actualidad se desconoce su paradero.

Por otra parte, hay que dividir los textos mayas según la lengua mayance en que fueron escritos. En maya yucateco, por ejemplo, conocemos entre otros, varias crónicas, libros sobre medicina y una colección de textos conocida bajo el título genérico de *Libros de Chilam Balam.* De estos últimos se tiene noticia de la existencia de dieciocho. [Barrera Vásquez, 1949.]

En otras lenguas mayances como el chontal, el quiché y el cakchiquel, se conservan también textos de importancia. Precisamente en quiché fue escrito el libro más célebre e importante de todos los mayas que se conservan. Nos referimos al *Popol Vuh,* conocido también bajo el nombre de "Libro del Consejo" o Manuscrito de Chichicastenango.

Además de haber aprovechado para este libro los textos antedichos, hemos usado, para ilustrar la literatura maya de algunas zonas, textos recogidos en épocas recientes en investigaciones antropológicas. Aunque en ellos son, debido al contacto cultural más largo, mucho más frecuentes las interpolaciones cristiano-occidentales, la mayor parte de los mismos es seguramente de origen prehispánico, conservada por medio de memorización. Aunque ello es difícil, hemos procurado suprimir las interpolaciones más evidentes facilitando así al lector el conocimiento de la literatura maya en la forma más pura posible.

En la Nota Preliminar hablamos de algunos de los problemas a los que nos tuvimos que enfrentar al preparar la presente publicación. Preferimos dejar para este momento el hablar de uno que también nos preocupó. ¿Deberíamos publicar una serie grande de ejemplos cortos, o trozos extensos entresacados de las principales fuentes existentes? Optamos por la segunda posibilidad. Creemos que es más fácil palpar la riqueza y las características de la literatura de un pueblo, si está suficientemente ilustrada, leyendo textos completos y no trozos aislados.

I

LA LITERATURA MAYA
DE LA PENÍNSULA DE YUCATÁN

En la península de Yucatán, que comprende los estados de Campeche, Yucatán y el territorio de Quintana Roo de la República Mexicana, así como Belice, se habla aún, por un gran número de indígenas, la lengua maya conocida bajo el nombre de maya yucateco.

En esa misma lengua fueron escritos los documentos de la Península que aún se conservan. Presentamos a continuación los siguientes textos:

La Palabra de Chilam Balam, sacerdote de Maní, texto que proviene del Chilam Balam de Maní, que junto con los libros de Ixil y Káua forma el llamado Códice Pérez, recopilado por don Juan Pío Pérez alrededor del año de 1840. Se publicó dicho Códice en 1949, traducido por el Dr. Ermilo Solís Alcalá. Lo presentamos ahora en una nueva versión castellana.

Cómo Nació el Uinal, El Principio de los Itzaes y Los Dzules, tres textos del Chilam Balam de Chumayel. El primero relata cómo fue la creación del tiempo, de los días y de los meses. El segundo cuenta cuál fue el origen de los Itzaes, en un texto lleno de simbolismo y de difícil interpretación. El tercero habla de los Dzules o "extranjeros", en este caso los españoles. El Chilam Balam de Chumayel fue compilado por Juan José Hoil, del pueblo de Chumayel, en 1782. Ha sido publicado dos veces, una en español por Antonio Mediz Bolio (1930), y otra en inglés por Ralph L. Roys (1933).

La Canción de la Danza del Arquero Flechador, poema que proviene de un manuscrito maya inédito en su mayor parte, aparentemente del siglo XVIII, y que obra en poder del señor Alfredo Barrera Vásquez, quien ya ha publicado una versión castellana del poema. (Barrera Vásquez, 1944).

Una Rueda Profética de los años de un Katún 5 Ahau, reconstruida y traducida por Alfredo Barrera Vásquez *de los Libros de Chilam Balam de Tizimín y Códice Pérez. (Barrera Vásquez, 1948 y 1963.)*

Del Tributo que los mayas de Calkiní pagaron al capitán Montejo. *Este texto forma parte del Códice de Calkiní, documento maya redactado en Calkiní, Campeche, antiguo cacicazgo de los Acanules, quienes fueron sometidos en la Conquista por el capitán Francisco de Montejo. Las primeras 38 páginas del manuscrito, así como las dos primeras líneas de la 39, fueron redactadas en el siglo XVI, mientras que el resto se escribió en 1821, lo que muestra lo perdurable de la tradición oral. Fue publicado con notas y versión castellana de Alfredo Barrera Vásquez en 1957.*

Presentamos por último unas oraciones recogidas hace algunos años por Robert Redfield y Alfonso Villa Rojas en Chan Kom, Yucatán, y en Tusik, Quintana Roo. Chan Kom es una comunidad maya que, aunque dentro del Estado de Yucatán, está muy cerca de Quintana Roo y las oraciones ahí recopiladas tienen un corte literario tan similar a los textos de Quintana Roo, y tan distinto de los provenientes de otras partes del Estado, que presentamos todas las oraciones como ejemplo de la literatura maya de Quintana Roo, siguiendo el criterio de zonas geográficas que indicábamos en la Introducción.

1. LA PALABRA DE CHILAM BALAM, SACERDOTE DE MANÍ [1]

Cuando acabe la raíz del 13 Ahau Katún,
sucederá que verá el Itzá.
Sucederá que verá allí en Tancah
la señal del Señor, Dios Único.
Llegará. Se enseñará el madero asentado sobre los
    pueblos,
para que ilumine sobre la tierra.
Señor: se acabó el consuelo,
se acabó la envidia,
porque este día ha llegado el portador de la señal.
¡Oh Señor, su palabra vendrá a hundirse en los pueblos
    de la tierra!
Por el norte, por el oriente llegará el amo,
¡Oh poderoso Itzamná!
Ya viene a tu pueblo tu amo. ¡Oh Itzá!
Ya viene a iluminar tu pueblo.
Recibe a tus huéspedes, los barbados,
los portadores de la señal de Dios.
Señor, buena es la palabra del Dios que viene a nosotros,
el que viene a tu pueblo con palabras del día de la
    resurrección.
Por ello no habrá temor sobre la tierra.
Señor, Tú, Único Dios, el que nos creó,
¿Es bueno el signo de la palabra divina?
Señor: el madero antiguo es substituido por el nuevo...

---

[1] Versión castellana de Demetrio Sodi M., del: "Chilam
Balam de Maní". Segunda Parte, cap. VII, en: *Códice Pérez,*
Mérida, Ediciones de la Liga de Acción Social, 1949. En ese
libro aparece la versión del mismo texto por el Dr. Ermilo Solís
Alcalá.

2. COMO NACIÓ EL UINAL [2]

Así explicó el primer gran sabio Merchise, el primer profeta Napuctun, primer sacerdote sacerdote solar. Así es la canción. Sucedió que nació el mes ahí donde no había despertado la tierra antiguamente. Y empezó a caminar por sí mismo. Y dijo su abuela materna, y dijo su tía, y dijo su abuela paterna, y dijo su cuñada: "¿No nos fue dicho que veríamos al hombre en el camino?" Decían mientras caminaban. Pero no había hombre antiguamente. Llegaron al Oriente y empezaron a decir: "¿Ha pasado alguien por aquí? He allí las huellas de sus pies." "Mide tu pie", dijo la señora tierra. Y fue y midió su pie allí donde está el señor Dios, el Verbo Divino. Éste fue el origen de que se dijera: Cuenta toda la tierra a pie, doce pies. Y se explica que haya nacido porque sucedió que Oxlahun Oc emparejó su pie. Partieron del Oriente. Y se dijo el nombre del día ahí donde no lo había antiguamente. Y caminó su abuela materna, y su tía y su abuela paterna y su cuñada. Así nació el mes y nació el nombre del día, y nacieron el cielo y la tierra, la escalera del agua, la tierra, las piedras y los árboles, nacieron el mar y la tierra.

El Uno Chuen sacó de sí mismo su divinidad e hizo el cielo y la tierra.

El Dos Eb hizo la primera escalera y bajó su divinidad enmedio del cielo, enmedio del agua, donde no había tierra, ni piedra, ni árbol.

El Tres Ben hizo todas las cosas, la muchedumbre de las cosas, las cosas de los cielos, del mar y de la tierra.

El Cuatro Ix sucedió que se encontraron, inclinándose, el cielo y la tierra.

[2] Versión castellana por Demetrio Sodi M., utilizando la versión paleográfica maya de Roys (ver Bibliografía, Roys, 1933), del Chilam Balam de Chumayel.

El Cinco Men sucedió que todo trabajó.

El Seis Cib sucedió que se hizo la primera luz, donde no había sol ni luna.

El Siete Caban nació por primera vez la tierra donde no había nada para nosotros antiguamente.

El Ocho Edznab asentó su mano y su pie, que clavó sobre la tierra.

El Nueve Cauac ensayó por primera vez el inframundo.

El Diez Ahau sucedió que los hombres malos fueron al inframundo porque antiguamente Dios el Verbo no se veía.

El Once Imix sucedió que modeló piedra y árbol, lo hizo así dentro del sol.

El Doce Ik' sucedió que nació el viento, y así se originó su nombre: viento, espíritu, porque no había muerte dentro de él.

En el Trece Ak'bal sucedió que tomó agua, humedeció la tierra y modeló el cuerpo del hombre.

El Uno Kan por primera vez se enojó su espíritu por lo malo que había creado.

El Dos Chicchan sucedió que apareció lo malo y se vio dentro de los ojos de la gente.

El Tres Cimil sucedió que el señor Dios pensó la primera muerte.

El Cinco Lamat pensó el gran sumidero del mar de agua de lluvia.

El Seis Muluc sucedió que llenó de tierra los valles cuando no había aún despertado la tierra. Y sucedió que la palabra falsa de Dios entró en todo, ahí donde no había palabra del cielo, ni había piedra ni árbol antiguamente.

Entonces fueron a probarse a sí mismos. Se dijo pues así:

"Trece en un grupo y siete en otro." Y se dijo que

saliera la palabra donde no había palabra. Que se preguntara por su comienzo, porque el primer señor sol aún no había abierto su voz antigua a ellos. Sucedió que se hablaron los unos a los otros. Y fueron enmedio del cielo y se tomaron de la mano unos a otros. Entonces se dijo enmedio de la tierra: Sean abiertos ahí. Y se abrieron ahí los cuatro Tocoob.

Cuatro Chicchan	Ah Toc. e
Cuatro Oc	Ah Toc. Pio
Cuatro Men	Ah Toc. mer
Cuatro Ahau	Ah Toc.

Los Ahau son cuatro.

Ocho Muluc		Cinco Cauac
Nueve Oc		Seis Ahau
Diez Chuen	2	Siete Imix
Once Eb		Ocho Ik'
Doce Men	4	Nueve Ak'bal
Trece Ix	5	Diez Kan
Uno Men-[Ben]	6	Once Chicchan
Dos Cib		Doce Cimy [sic]
Tres Caban	7	Trece Manik
Cuatro Edznab		Uno Lamat.

Así nació el mes y sucedió que despertó la tierra, se explicaron el cielo, y la tierra, y los árboles y la piedra. Nació todo por causa del Señor Dios El Verbo. Donde no había cielo ni tierra, estaba ahí su divinidad, nebulosa por sí mismo, y creó el universo que había pensado. Conmovióse lo celeste por su divinidad, su gran poderío y su majestad.

La lectura de la cuenta de los días, uno antes que el otro, empieza por el Oriente, así como su relación.

3. EL PRINCIPIO DE LOS ITZAES [3]

Trece veces ocho mil Katunes reposó en su piedra. Entonces se movió la semilla de Hunac Ceel Ahau. Éste es el canto: ¡E! ¿son los hombres como el sol? De la Piedra del que es Amarillo, ¡E! ¿de ahí son los hombres buenos? Mi ropa, mi vestido, dijeron los dioses. Así se sabe, lo sabe cualquiera. Al agua tierna de la orilla del pozo, a la tierra suave llegaron conquistando, haciendo la guerra. En Chichén estaban los Itzaes, los herejes. Allí estaban, el día uno Imix alcanzaron el cielo, el Señor fue al pozo del poniente. Allí estaban los dioses. Así se habló el día uno Imix. En Chichén estaban los Itzaes, los herejes. Allí estaban. ¡Ocultos, ocultos! Así se exclamaba. ¡Ocultos, ocultos! El espíritu de los muertos lo sabe. Cuando llegaron el espíritu de los muertos, en ese día resplandeciente, gritó con dificultad. ¡Estaban, estaban, estaban, allí estaban! ¿Alguien acaso está despierto? Tres veces en el día resplandeciente, en el día de los dioses, ¡Estaban! gritaron. Son pobladores, son moradores. Así se oía. Pero no es que hubieran llegado a Chichén los Itzaes, ¡allí estaban! ¡Los herejes! Sí, allí estaban. Tres veces gimen en ese día. El espíritu del hombre dice: ¿Somos alguien? ¿Somos alguien? Ésa es la palabra del espíritu del hombre. Adivínalo, sabio. Yo fui engendrado en la oscuridad, de ahí nací. ¿O tampoco esto es verdad? Fui engendrado por Mizcit Ahau. Y hasta el final fue roto. ¿He amargado a alguien con mi canción? Allí estaban. Estoy muerto, lo dijo el sacerdote del pueblo, estoy escondido, lo dijo el que pierde al pueblo. Así lo creyó su espíritu, así su corazón. El sabio, el que pierde al pueblo, se llena de amargura con mi canción. ¡Allí estaban! Este canto, todo este canto, es en justa alabanza del Señor Dios.

[3] Ver la nota anterior.

4. LOS DZULES [4]

Esto es lo que escribo: En mil quinientos cuarenta y uno fue la primera llegada de los Dzules, de los extranjeros, por el Oriente. Llegaron a Ecab, así es su nombre. Y sucedió que llegaron a la Puerta del Agua, a Ecab, al pueblo de Nacom Balam, en el principio de los días de los años del Katún Once Ahau. Quince veintenas de años antes de la llegada de los Dzules, los Itzaes se dispersaron. Se abandonó el pueblo de Zaclahtun, se abandonó el pueblo de Kinchil Coba, se abandonó Chichén Itzá, se abandonó Uxmal y, al sur de Uxmal, se abandonó Kabah, que así es su nombre. Se abandonaron Zeye, y Pakam, y Homtun, el pueblo de Tixcalomkin y Ake, el de las puertas de Piedra.

Se abandonó el pueblo Donde Baja la Lluvia, Etzemal, allí donde bajó el hijo del todo Dios, el Señor del cielo, el Señor-Señora, el que es Virgen Milagrosa. Y dijo el señor: "Bajen los escudos chimallis de Kinich Kakmo." Ya no se puede reinar aquí. Pero queda el Milagroso, el Misericordioso. "Bájense las cuerdas, bájense los cintos caídos del cielo. Bájese la palabra caída del cielo." Y así hicieron reverencia de su Señorío los otros pueblos, así se dijo, que no servían los Señores dioses de Emal.

Y entonces se fueron los grandes Itzaes. Trece veces cuatrocientas veces cuatrocientos millares y quince veces cuatrocientas veces cuatrocientos centenares vivieron herejes los Itzaes. Pero se fueron y con ellos sus discípulos, que los sustentaban y que eran muy numerosos. Trece medidas fue Iximal y a la cabeza de la cuenta de los de Iximal hubo nueve almudes y tres Oc. Y los hijos del pueblo fueron con sus dioses por delante y por detrás.

Su espíritu no quiso a los Dzules ni a su cristianismo. No les dieron tributo ni el espíritu de los pájaros, ni el

[4] Ver la nota 2.

de las piedras preciosas, ni el de las piedras labradas, ni el de los tigres, que los protegían. Mil seiscientos años y trescientos años y terminaría su vida. Ellos sabían contar el tiempo, aun en ellos mismos. La luna, el viento, el año, el día: todo camina, pero pasa también. Toda sangre llega al lugar de su reposo, como todo poder llega a su trono. Estaba medido el tiempo en que se alabaría la grandeza de Los Tres. Medido estaba el tiempo de la bondad del sol, de la celosía que forman las estrellas, desde donde los dioses nos contemplan. Los buenos señores de las estrellas, todos ellos buenos.

Ellos tenían la sabiduría, lo santo, no había maldad en ellos. Había salud, devoción, no había enfermedad, dolor de huesos, fiebre o viruela, ni dolor de pecho ni de vientre. Andaban con el cuerpo erguido. Pero vinieron los Dzules y todo lo deshicieron. Enseñaron el temor, marchitaron las flores, chuparon hasta matar la flor de los otros porque viviese la suya. Mataron la flor del Nacxit Xuchitl. Ya no había sacerdotes que nos enseñaran. Y así se asentó el segundo tiempo, comenzó a señorear, y fue la causa de nuestra muerte. Sin sacerdotes, sin sabiduría, sin valor y sin vergüenza, todos iguales. No había gran sabiduría, ni palabra ni enseñanza de los señores. No servían los dioses que llegaron aquí. ¡Los Dzules sólo habían venido a castrar al Sol! Y los hijos de sus hijos quedaron entre nosotros que sólo recibimos su amargura.

5. CANCIÓN DE LA DANZA DEL ARQUERO FLECHADOR[5]

Espía, acechador que andas cazando por los montes,
una vez, dos veces,
vamos a cazar a orillas de la arboleda
en rápida danza, hasta tres veces.
Alza bien tu frente,
alista bien la mirada,
no hagas errores
para que alcances tu premio.
¿Tienes bien afilada la punta de tu dardo?
¿Tienes bien enastada la cuerda
de tu arco, has puesto buena
resina de *catzim* en las plumas
que están en la punta de la vara de tu dardo?
¿Has untado bien
grasa de ciervo macho
en la fuerza de tu brazo, en la fuerza de tu pie,
en tus rodillas, en tus gemelos,
en tus costillas, en tu tórax, en tu pecho?
Da tres vueltas rápidas
alrededor de la columna de piedra pintada,
ahí donde está atado el viril
hombre joven, virgen e inmaculado.
Da la primera, a la segunda
toma tu arco, ponle la flecha,
apúntale al pecho, no es necesario
que pongas toda tu fuerza
para asaetearlo, para no
herirlo profundamente en sus carnes,
para que pueda sufrir un poquito,

[5] Versión castellana de Demetrio Sodi M., utilizando la versión paleográfica maya de Barrera Vásquez (ver Bibliografía, Barrera Vásquez, 1944).

34

pues así lo quiso
el Bello Señor Dios.
Cuando des la segunda vuelta
a la columna pintada de azul,
cuando la des,
asaetéalo de nuevo.
Habrás de hacer esto
sin dejar de danzar, porque
así es como lo hacen los buenos escuderos guerreros,
los hombres que se escogen
para dar bondad
a los ojos del Señor Dios.
Así como se asoma el sol
sobre el bosque del oriente,
comienza del arquero flechador
el canto.
Todo lo dan
los escuderos peleadores.

6. RUEDA PROFÉTICA DE LOS AÑOS DE UN KATÚN 5 AHAU [6]

Año tun 13 Kan

13 Kan, Piedra-preciosa, 1 Poop, Estera. Entonces fue tomado el ídolo de barro del Katún 5 Ahau en el año cristiano de 1593. El día 15 Tzeec dice su nombre y aquí declaramos la carga que viene. El día que se tome este katún, Mayapán, Estandarte venado, será el lugar donde se cambie el katún, donde baje el agua del *Quetzal,* del pájaro verde *Yaxum,* cuando serán devorados hijos de mujer, hijos de hombre; será el tiempo de los grandes amontonamientos de calaveras, y del amanecer y del permanecer alertas cuando vengan las grandes destrucciones de las albarradas y será resellada la superficie del tronco de la ceiba. Será entonces cuando se sequen las fuentes de agua y será entonces que *Thuul Caan Chac,* Chac del cielo chorreante, se yerga hasta el fin de las aguas profundas y en los pantanos. Triste estará *Ix Dziban Yol Nicté,* La flor de corazón pintado, durante el transcurso del katún, porque otro poder vendrá a manifestarse, poder nacido en el cielo. Esto acontecerá durante el transcurso del año tun 13 Kan entre los años de 1593 y 1594.

Año tun 1 Muluc

Cuando se asiente 1 Muluc, Inundación, se hablarán entre sí las montañas sobre la redondez de la tierra, por

[6] Versión castellana de Alfredo Barrera Vásquez. Esta *Rueda Profética* se obtuvo reconstruyendo textos del Chilam Balam de Tizimín y del Códice Pérez (ver Bibliografía). Ha sido publicado este texto en: Alfredo Barrera Vásquez y Silvia Rendón, eds. *El Libro de los Libros de Chilam Balam,* México, Fondo de Cultura Económica, 1948, pp. 167-188; 2ª edición, 1963, pp. 101-120.

sobre *Uuc Chapac*, Siete ciempiés escolopendra. Siete será su carga, de siete grados su sobrecarga. En este segundo año tun se perderán las bragas ceñidoras, se perderán las ropas, ropa será de generaciones estériles. Arrebatado será su pan, arrebatada el agua de su boca.

Año tun 2 *Ix*

2 Ix, Jaguar, será el tiempo de la pelea violenta, el tiempo en que arda el fuego en medio del corazón del país llano, en que ardan la tierra y el cielo, en que haya de tomarse el espanto como alimento; el tiempo en que se implore a los cielos. Perdido será el pan, perdida la limosna; llorará *Cuy*, Lechuza, llorará *Icim*, Buho, en los caminos vecinales por toda la extensión de la tierra, por toda la extensión de los cielos. Se alborotarán las avispas, se alborotarán los míseros en el imperio de *Ah Bolon Yocté*, El nueve pata de palo, *Ah Bolon Kanaan*, El nueve precioso. Decaída estará la faz de la sabana, destruidas las murallas. Será el tiempo en que se corte el linaje de los descendientes falsos cuando se yerga sobre la tierra, se yerga sobre el país llano, *Buluc Ch'ab-tan*, Once ayunador, el hijo de *Ah Uuceb*, El siete montañas. A las orillas del mar tendrá abiertas sus fauces el terrible *Ayin*, Cocodrilo; tendrá abiertas sus fauces el maligno *Xooc*, Tiburón. Será el tiempo en que se amontonen las *Xuxob*, Avispas, sobre los restos del agua, sobre las sobras de alimento. Hasta el tercer doblez del katún reinará el 5 Ahau del tercer año tun.

Año tun 3 *Cauac*

3 Cauac, Trueno, será el tiempo en que salgan de su pozo, de su gruta. Irán a solicitar su limosna, irán sus voces recorriendo la noche para mendigar su agua.

¿Dónde beberán su agua? ¿Dónde comerán siquiera sobras de pan? Sobrecogidos estarán sus corazones por *Ah Uucte Cuy*, El siete lechuza, *Ah Uucte Chapat*, El siete ciempiés escolopendra. Será el tiempo en que se coman árboles y se coman piedras. Llorarán los del pozo, llorarán los de la gruta. Pero la Flor de Mayo se señalará y de Flor de Mayo será el pan cuando tome su carga el tercer año tun, del trece *Ahau Buluc Ch'abtan*, Once ayunador, será el que quite la carga del 9 Ahau cuando termine de ir golpeando con su carga cabeza abajo al terminar de reinar. Así acontecerá en el 3 Cauac, Trueno.

Año tun 4 Kan

4 Kan, Piedra preciosa, será el día en que decline el *Katún 5 Ahau*. Será el tiempo en que se amontonen las calaveras y lloren las Moscas en los caminos vecinales y en los descansaderos de los caminos vecinales. Cuando se alce su poder, llorará *Cuy*, Lechuza, llorará *Icim*, Buho, llorará *Ah I*, Cuclillo. Vendrá la mofa al maligno *Xooc*, Tiburón; hundidos estarán los árboles, hundidas estarán las piedras. Cuando esté presente *Ah Uuc Chuah*, El siete alacrán, arderá la cara de la tierra, y croarán las ranas *Uo* al mediodía en sus pozos. El 4 Kan, Piedra preciosa, tomará su palabra cuando venga el otro poder sobre el Jaguar blanco, sobre el Jaguar rojo, sobre *Maycuy*, Tecolote venado, cuando en el quinto año tun del 5 Ahau venga *Ah Buluc Ch'abtan*, El once ayunador, a decir la palabra del Sol, la palabra que surgirá del signo jeroglífico para que acontezca el llanto de los grandes Itzaes, Brujos del agua. Entonces dirá su carga, cuando rija el hilo del día y de la noche. Entonces será cuando se devoren entre sí las Zarigüeyas ratones, y los Jaguares, cuando llegue este nuevo poder en el 4 Kan,

cuando se mueva el cielo y se mueva la Tierra, cuando se arrimen entre sí el Sol y la Tierra sobre el petén, país llano, ombligo del katún. Cuando llegue, esto será lo que merezca el tiempo del katún.

Año tun 5 Muluc

5 Muluc, Inundación, será el tiempo en que tome camino, en que desate su rostro y hable y vomite lo que tragó y suelte su sobrecarga el 5 Ahau en 5 Muluc. Entonces será el tiempo en que hay pan de maíz aún más allá de la provincia; sólo reinará el poder del agua según declara su palabra. Licenciosa será su carga y despótico su imperio; presente estará en el pantano, presente en los charcos. Flor de Mayo, Plumeria, será la bebida en el día, en la noche, en el agua profunda, sobre la faz del mundo, cuando reine totalmente. Entonces saldrán de su pozo y de su gruta. Así acontecerá a los Itzaes, Brujos del agua, cuando se alcen del rigor de su miseria y salgan por las tierras boscosas y los pedregales a decir su palabra a la justicia del Sol, a la justicia del Katún.

Año tun 6 Ix

6 Ix, Jaguar, será el tiempo en que caiga el orden de las unidades del katún, cuando sea el despojarse de bragueros ceñidores, el despojarse de ropas, días de ayuno y penitencias. Será entonces el tiempo en que contemple el cielo desde la faz de la tierra el Jaguar; habrá llegado el tiempo en que las pléyades sean vistas por el que tiene la Estera y por el que tiene el Trono; el tiempo en que vomite lo que tragó, lo que pasó por su garganta cuando todavía no se le obstruya con las limosnas que reciba, cuando traicionen los hijos de *Ah Maax*

Cal, El Mono vocinglero. Cuando voltee sus bragas *Maax Kin*, Mono del sol, *Maax Katún*, Mono del katún, estantigua, monigote del mundo. Cuando digan su palabra los de las bragas rojas por el norte y por el poniente, y cuando se venda a los hijos de *Uc Suhuy Sip*, Siete virgen ofrenda.

Licenciosa será la palabra, licenciosa la boca. Será el tiempo en que se haga música en la tierra y suenen las sonajas en el cielo al irse ordenando las unidades de que consta el tiempo del katún. Pero a la vuelta completa del katún se desgarrarán, se romperán violentamente los cielos, y las nubes quedarán frente al Sol juntamente con la luna, totalmente. A nadie has de entregarte tú, huérfano de madre, tú, huérfano de padre, en el doblez del término del katún. Perdido será el signo jeroglífico y perdida será la enseñanza que está detrás de él; entonces será cuando se recoja la hojarasca de encima de nosotros y se quiten los bragueros ceñidores y la ropa, y no se presten máscaras ni casas.

Año tun 7 Cauac

El 7 Cauac, Trueno, será el octavo año tun en Uno Poop, Estera, cuando sea el doblez. Entonces será cuando tome tizne *Maax Kin*, Mono del sol, *Maax Katún*, Mono del katún, y sea el amontonar calaveras, y sea cuando se desgarren las espaldas mutuamente los Jaguares rojos; el tiempo en que se les destrocen los dientes y el tiempo en que se le zafen las garras al Oso Melero *Cabcoh*. Hincado estará de rodillas y pondrá a la vista las plantas de sus pies y de sus manos, deseando pan, ansiando agua. Rabioso estará el rostro de *Buluc Ch'abtan*, Once ayunador, cuando se levante y apague con fuego lo que reste de los *Itzaes*, Brujos del agua, en el tercer doblez del katún.

Año tun 8 Kan

8 Ahau en Uno Poop, Estera, noveno año tun del Cinco Ahau. Será el tiempo en que se esté encuclillado en su gruta porque arda lo alto de los cerros, y arda la superficie de la tierra, y ardan los barrancos, y se encienda el fuego en los grandes zacatales, y ardan las orillas arenosas del mar, y ardan las semillas de la calabaza *Sicil* y ardan las semillas de la calabaza *K'um;* y arderá también el *Macal,* Ñame, en este término del katún. Será en *Ichaansihó,* Faz del nacimiento del cielo, donde se encoja para soportar su carga *Ah Itzam,* El brujo del agua, en donde reciba carga dura y dolorosa. Estallarán las lajas, silbará la perdiz, silbará el venado en la faz de la sabana. Esparcida será *Ix Kan Itzam Thul,* La preciosa bruja del agua a chorros, en las sabanas, en las montañas, a la vista de los sabios; presente estará *Ah May Cuuc,* El venado ardilla, presente estará en las montañas en éste tiempo del katún. Blanqueada será la carga del año, blanqueada la ropa, blanqueados los bragueros-ceñidores.

Tendrá agua para que beba y pedirá a gritos su lugar en los restos del Sol, el *Buluc Ch'abtan,* Once ayunador, en el onceno tun. En el onceno año tun acontecerá.

Año tun 9 Muluc

9 Muluc, Inundación, en Uno Poop, Estera. Entonces tomará nombre el 5 Ahau y dirá su palabra *Ah Uuc Yol Sip,* El siéte corazón ofrenda. Entonces será la época en que se multipliquen los recién nacidos y se multipliquen los mozos; será el tiempo en que engendren los ancianos y conciban las ancianas. Tiempo será de muertes, destructor será el poder en toda la redondez de la tierra de *Maax Kin,* Mono del Sol, *Maax Itzaob,* Mono de los Itzaes brujos del agua. Entonces será el imperio

de *Tzintzin Coc Xul,* Concha de tortuga musical de vara, y de *Tzintzin Bac Toc,* Hueso musical tostado, los de lloroso rostro, los de rostro descarnado. Ensangretados quedarán los caminos al norte y al poniente. Con la mirada en alto, erguido el cuello, estará *Ahau Can,* Serpiente Señor. Alzado tendrá el palo, alzada la piedra sobre su madre y su padre *Ah Uuc Yol Sip,* El siete corazón ofrenda, el siete grados envidioso, el siete grados pedigüeño y mendigo. De doble culpa será el rostro del katún. El regocijo y el desorden serán manifiestos, pero cuando termine, diferente será lo que se manifieste a la juventud recorriendo la noche, recorriendo el día por la superficie de los cielos cuando venga el noveno año tun.

Año tun 10 Ix

10 Ix, Jaguar, en Uno Poop, Estera, del 5 Ahau. Bajarán del cielo los abanicos y los ramilletes celestiales para que huelan los Señores. Apuntará con el dedo, se erguirá el día que tome posesión de su imperio, del vaso, del Trono, de la Estera, del Banco, *Amayte Ku,* Cuadrado deidad. Cuando se siente a comer arrebatará el poder, arrebatará el vaso, arrebatará el plato; así se declara en la superposición de los años tunes, cuando sea el tiempo en que su Estera y su Trono cambien y salgan por las tierras boscosas y por los pedregales a decir su palabra y su enseñanza.

Nacerá entonces otra jícara en la cual beba, y el día en que desate su rostro, amarga será su jícara, amarga será su bebida cuando venga el orden a las Esteras y beba el Jaguar de otra agua y sea *Piltec* [*Pilzintecuhtli*] quien reciba la limosna cuando las serpientes se anuden unas a otras de las *Ah Toc Dzudzil,* El bastardo marchito, conocerán el fuego. Perdida será su agua y perderá por arrebatamiento el resto de su Estera, de su vaso y de su plato, cuando impere la durísima rodilla del *Ah Kin*, Sarcerdote del culto solar, de *Ah Coctun Numya*, El pedernal que da desgracia y dolor. Cuadrado será entonces el rostro del padre de los Señores de la Estera y del Trono, los que darán su lugar al cielo. Esto será lo que contemple *Buluc Ch'abtan*, Once ayunador: cómo el alma de *Ah Siyah Tun Chac*, El Chac de los manantiales labrado en jade, llora totalmente al tiempo del regreso del katún; cómo llora *Ahau Tun*, Señor de jade, *Ah Nitoc*, El bastardo nariguado, *Ah Ni Poop*, El de la nariz como estera, *Ah Maycuy*, El tecolote venado. Será entonces el amanecer y la bajada de *Ah Kinchil*, El de rostro solar, *Ah Chac Chibal*, El gran devorador de carne.

Será en el 10 Ix, cuando lleguen los grandísimos padecimientos y miserias para los *Itzaes*, Brujos del agua, y de todos sus hijos, aquí en la provincia de *Siyancan Mayapán*, La famosa del estandarte venado; allí será cuando se acaben y consuman. Al fin del año tun 10 Ix, vestirá cortezas y sentirá la sobrecarga *Yal Maax*, Generación de Monos; resellado será el tronco de la ceiba y suspendidas estarán las cazuelitas de barro cuando le toque pedir su limosna a *Ah Piltec* [*Piltzintecuhtli*]; cuando venga a tomar su limosna de los mendigos, del miserable, cuando tome su limosna en los caminos vecinales, en los descansaderos de los caminos vecinales. Entonces será cuando baje la carga a las montañas y a *Maycuy*, Tecolote venado. Acontecerá aquí en *Mayapan*, Estandarte venado, aquí en *May Ceh*, Pezuña del venado, en *Xau Cutz*, Garra del guajolote silvestre; aquí pasará todo hasta el fin. Este es el katún en que danzará *Chac Dzidzib*, Pájaro cardenal, *Chactun Pilix*, Cola roja, en la mesa pétrea, la que está enmedio de la llanura; así ocurrirá en el katún porque son estas las aves que anuncian al *Halach Uinic*, Jefe. Será cuando brinque y dé volteretas el Quetzal, el pájaro verde *Yaxum*, el ave de los Señores. Terminará entonces el poder de *Buluc Am*, Once piedra labrada. Aquí será cuando acabe *May Ceh*, Pezuña del venado; acabará todo y dirán: "Pasó aquí el pueblo de los *Itzaes*, Brujos del agua."

Les había sido dicho por Moctezuma *Utinil Itzaob*, Moctezuma la piedra labrada de los brujos del agua, porque *Ah Buluc Am*, El once piedra labrada, era el nombre que le daban, que en aquel katún se irían, porque en ese katún pasó lo de *Hapai Can*, Serpiente tragadora. Fue entonces cuando se amontonaron unas con otras y gritaron las *Bech'ob*, Codornices, en la rama de la ceiba. Será entonces el fin de la mendicidad y de la codicia en la época del 5 Ahau, será entonces cuando se asiente boca arriba el vaso y se extienda la Estera y será cuando el gobierno se cambie a los *Ah Kines*, Sacerdotes del culto solar. Entonces cambiarás tus bragas ceñidoras, cambiarás tu ropa, cambiarás tu vestido. Esta será la carga del onceno año tun cuando salgan de su pozo, de su gruta.

Año tun 11 Cauac

11 Cauac, Trueno, en Uno Poop, Estera, el decimoséptimo año tun. Este será el tiempo en que impere *Ah Cakin Poop*, El de la estera de dos días, y *Ah Cakin Dzam*, El del Trono de dos días. Asentado estará el vaso de *Ah Okol Koh*, El de la máscara que llora, porque se erguirá *Ah Koh Bacab*, El vertedor de la máscara, *Ah Cantzicnal*, El de los cuatro rincones, cuando venga. En el decimoséptimo año tun del katún, visible estará *Ah Cantzicnal*, El de los cuatro rincones, *Ah Can Ek*, El cuatro oscuridad, *Ah Sac Dziu*, El tordo blanco. Será el tiempo en que se manifieste *Ah Cantzicnal*, El de los

cuatro rincones, y tome su oficio *Ix Tol Och*, La ventruda zarigüeya; será el tiempo en que el katún remoje la corteza para el vino; pero en el once *Xul*, entonces saldrá otra palabra, otra enseñanza, y se implorará entonces a *Ku Caan*, La deidad del cielo, y será entonces el tiempo en que las serpientes se unan unas a otras por la cola y se tomen nuevas bragas ceñidoras y nuevas ropas y nuevos Señores de la Estera y nuevos Señores del Trono a la faz del cielo.

El reinado que viene ahora en camino tomará el oficio de *Chac Bolay Can*, Gran carnicera serpiente, *Chac Bolay Ul*, Gran carnicero caracol terrestre; será cuando se manifieste el *Itzá*, Brujo del agua, en el Corazón del Monte, en el corazón de la maleza, y cuando grite el alma de *Siyah Tun Chac*, Chac labrado en jade de los manantiales; serán los días de miseria en el katún por el exceso de dolor que hagan sufrir los hijos de los *Itzaes*, Brujos del agua, a los hijos del día, los hijos de la noche. Entonces será el tiempo en que se amontonen las *Xux*, Avispas, arriba de los árboles y de la maleza, y se amontonen las *Chac Uayab Cab*, Rojas dañinas hormigas meleras, sobre vosotros los abejas *Ah Num* y los abejas *Sactanil*.

Año tun 12 Kan

12 Kan, Piedra preciosa, en Uno Poop, Estera. En el decimotercero año tun será el día que diga su palabra el Sol, cuando se hablen mutuamente los zopilotes; los hijos del día a los hijos de la noche, en el cielo y en la tierra; será en este decimotercero año tun cuando ardan los cielos, y la tierra tenga fin de la codicia. Así ha de suceder por el exceso de soles: y vendrán los ruegos a *Hunab Ku*, Deidad única, para que su majestad tenga compasión. Siete serán los años de sequía: estallarán

entonces las lajas, arderán los nidos de las aves arriba, arderá la savia del zacatal en la llanura y en los barrancos de la sierra. Entonces volverán a la gruta y al pozo a tomar su comida de espanto, y entonces rogarán a los *Ah Kines*, Sacerdotes del culto solar, que se ajusten la preciosa manta a la espalda, con el cinturón de trece nudos. Cuadrado será entonces el rostro del *Ah Kin*, Sacerdote del culto solar, cuando en este katún entren de nuevo a su pozo, a su gruta, y hagan más intensas sus imploraciones en la gruta, y den muerte martirizándolo al Señor que tiene la Estera, que tiene el Trono, como fin de la codicia y el robo; será cuando regresen a su gruta, a su pozo de nuevo y venga nueva sabiduría, nueva palabra. Así lo dijo el gran *Chilam Balam*, Brujo intérprete. Así como puede suceder puede no suceder, pero lo verán por detrás y por delante los del linaje de los *Itzaes*, Brujos del agua, en la gravísima miseria que se asentará y acontecerá en la tierra *Sacnicteil Mayapan Cuzamil*, Lugar de las golondrinas, Estandarte venado, Lugar de la flor de mayo blanca; cuando les acontezca en la boca del pozo, en la boca de la gruta y en la extensión de las sabanas. Será el tiempo en que se desbaraten las albarradas y venga la destrucción sobre la grandeza del mundo, sobre la superficie de las montañas por la avidez del *Maax Kin*, Mono del sol, del *Maax Ah Itzá*, Mono de los Itzaes, Brujos del agua. Entonces será cuando diga su palabra el sin padre y el sin madre en el tiempo del katún, en que diga su palabra el linaje *Itzá*, Brujo del agua, durante el cinco Ahau en el decimotercero año tun, cuando acontecerá la adoración de *Sum Ci*, Cuerda de henequén, como divisa que ha de admirarse en el katún. Reirá la Máscara de Madera. Cuatro serán sus vasos asentados, cuatro serán sus platos asentados, cuatro serán sus bancos asentados en el 5 Ahau Katún, en el décimotercero año tun.

Año tun 13 Muluc

El decimocuarto año tun 13 Muluc, Inundación, en
Uno Poop, Estera. Uno Oc será el día en que el poder
baje de la Estera y baje del Trono. En el decimocuarto
año tun será cuando venga el gobierno de muchos en los
restos de la sabiduría. Grandes serán sus jícaras, grandes
sus vasos, grandes sus platos en los que tomen en común
las sobras de agua que andan pidiendo de limosna, las
migajas de las sobras del pan de maíz, las sobras de la
limosna, eso será lo que coman en común. En este 5
Ahau Katún estará presente el enorme *Ayín,* Cocodrilo;
entonces será cuando se asiente la presencia de *Ho Hab-
nal Tok,* Cinco pedernales afilados, en el katún. Sucederá en *Chacnacultun Ichcaansihó,* Lugar de los grandes
montones de piedras labradas recostadas, Faz del nacimiento del cielo, *Saclactun,* Piedras blancas, en medio
de la llanura, en el corazón de *Chakan,* país llano. Será
el tiempo en que el katún señale con el dedo la provincia *Itzá,* Brujo del agua; caerá en el centro de la
llanura, buscarase entonces a los hijos del día y a los
hijos de la noche. Como puede no suceder, puede suceder. Esta es la palabra para ti, el sin madre; para ti, el
sin padre.

Año tun 1 Ix

El decimoquinto año tun en Uno Poop, Estera, en el
katún. Entonces será cuando se encrespe *Ah Xixteel Ul,*
El rugoso caracol de tierra, juntamente con el maligno
Xoox, Tiburón, porque el fuego les pegará y será entonces cuando se anuden unos a otros los tiburones de
la cola, y pegue el fuego en el cielo y en las nubes. Será
entonces cuando se mueva el cielo y se cubra la faz
del Sol y se cubra la faz de la Luna. En este decimo-

quinto año tun morirá *Xiuit,* Yerba, para la Máscara de Madera, porque insolente fue con su madre, insolente fue con su padre e insolente fue su numeroso linaje de infantes y mozos. Morirán sus restos de *Halach Uiniques,* Jefes; no tendrá ya sustitutos la nobleza ni tendrá sustitutos el jade, piedra preciosa. Morirá el maligno *Xooc,* Tiburón. Será entonces cuando se padezca y cuando se amontonen las calaveras. Nadie volverá a pensar en días festivos y de regocijo durante el katún, cuando desaparezcan los *Itzaes,* Brujos del agua, por el norte y por el poniente; porque discordia y oposición devoran los jaguares de los cerros. En el decimoquinto año tun será el padecimiento del katún cuando vengan las *Xulab,* Hormigas carniceras, y las *Chacuayabcab,* Hormigas carniceras meleras, a causa de la ruina de los del pozo, la ruina de los de la gruta, para que caiga la carga de su *Halach Uinic,* Jefe. Así lo dicen las sagradas pinturas y signos que los *Ah Kines,* Sacerdotes del culto solar, vieron en las piedras enhiestas, estelas de los katunes, cuando examinaron cómo venía la carga del katún que libraría a *Hun Ahau,* Uno señor cuando les dio a leer el libro de los siete linajes a los idólatras de *Ah Buluc Am,* El once piedra labrada. En el decimoquinto año tun acontecerá. Perdidos serán entonces los *Batabes,* Los del hacha, advenedizos, en el decimoquinto año tun.

Año tun 2 Cauac

El decimosexto año tun día 2 Cauac, Trueno, en Uno Poop, Estera, serán medidos los katunes porque es el fin del 5 Ahau. Bajarán entonces navajas, bajarán piedras y estará patente la cuerda y la flecha en este decimosexto año tun. Entonces andarán a cuatro patas en sus milpas, a causa de la mirada de águila de *Ah Tzay Kanche,* El certero escabel, *Ah Kay Kin Bak,* El que vende carne de día, *Ah Tooc,* El quemador, *Ah Dzuudz,* El enjuto. Entonces será cuando termine de molerse el jade, termine de molerse la piedra preciosa. Y se pudrirán las flechas cuando esté presente *Kinich,* Rostro del Sol, con *Buluc Ch'abtan,* Once ayunador, para contemplarlos. Asentado estará su linaje sobre los dominadores extranjeros, sobre los del vestido de fiesta de los cerros. No tomarán ya su limosna las *Ix Titibe,* Maestras. Entonces será el tiempo de la muerte súbita, la que pega y derriba, la que derriba y golpea sacando vómitos de sangre, la que ablandará las amarras del katún. En 5 Ahau caerá este katún y en este mismo año será la destrucción de las milpas del *Itzá,* Brujo del agua. Atado quedará a un árbol *Co Kin,* Burla del Sol, del *Itzá,* Brujo del agua; no caminará de día ni caminará de noche, sino que vuelcos dará el corazón del burlador del katún. Será entonces cuando le sean quitadas sus insignias a *Ah Cantzicnal Bacab,* El vertedor de los cuatro rincones, entonces acabará su poder en el 2 Cauac, Trueno, cuando tiemble la tierra y salga de cabeza el katún, el katún de *Ix Tol Och,* La ventruda Zarigüeya, de la cuenta del juego del katún. Esto se entenderá si hubiese un *Ah Kin,* Sacerdote del culto solar, con alma íntegra y santa.

Año tun 3 Kan

El decimoséptimo año tun 3 Kan, Piedra preciosa, en Uno Poop, Estera, ata la carga del katún. Vendados también tendrán sus rostros los Señores de la tierra durante su reinado porque no conocerán el juego del Katún 3 Kan. Despojados serán de sus manchas los jaguares rojos y los jaguares blancos, arrancadas les serán las uñas y los dientes de los jaguares de los *Itzaes,* Brujos del agua. Esto será cuando vengan grandes inundaciones y poderosos vientos y patente esté el rostro de *Ku*, Deidad, en la Estera y en el Trono y vaya y contemple su imagen en el árbol y en la piedra, y se marchen su Jícara y su Banco y su Estera, cuando tome su camino el 3 Ahau y venga el cambio de poder en su reinado y se cambien los *Ah Kines*, Sacerdotes del culto solar, en el cambio del katún, y venga el cambio del vaso y el cambio del plato y el cambio del gobierno, cuando se unan los *Ah Mol Box*, Los juntadores de cortezas para preparar el vino ceremonial, al venir otra palabra, otro poder por el norte y por el poniente. En el decimoséptimo año tun regresará nuevamente al país el reinado del Katún 5 Ahau por detrás y por delante.

Año tun 4 Muluc

El decimoctavo año tun 4 Muluc, Inundación, es el tiempo en que el katún se agrega a otro, el tiempo en que se hace un conjunto de katunes para enterrarlos. Blanquearán entonces los huesos porque éstos serán años fieros y amontonará calaveras *Ah Ox Kokol Tzek*, El tres amontonador de cráneos, el barredor del país llano. Asolarán el país soles excesivos y muertes súbitas, días de sed, días de hambre. Faltará el agua, se secarán los manantiales y las venas de la tierra. Ensangrentados quedarán los descansaderos, gritará la gente a la puerta de sus poblados por causa de *Buluc Ch'abtan*, Once ayunador. *Buluc Chuen*, Once mono artífice, será el patrono en el poder. Llorará *Ku*, Deidad, llorará el mundo; será cuando recuerden sus linajes maternos y sus linajes paternos y los tres dobleces de katún pasados desde que murieron perdidos en los bosques y bajo las malezas por causa del poder del Sol según sus historias y tradiciones. Así ocurrirá en el decimoctavo año tun, así aparecen los signos en el libro de los siete linajes que vio el

Ah Kin, Sacerdote del culto solar, *Chilam Balam,* Brujo intérprete, cuando leyó la rueda de los katunes en compañía del *Ah Kin,* Sacerdote del culto solar, *Napuctun,* Piedra labrada de línea materna llamada Puc, *Ah Kin,* Sacerdote del culto solar, de *Hun Uitzil Chac,* Uno chac de las montañas, de Uxmal. Eso fue lo que dedujo de los signos pintados en el libro, según su entender, el *Ah Kin,* Sacerdote del culto solar, *Ch'el,* gran autoridad. Allí vieron cómo caería la carga según dijo el *Chilam Balam,* Brujo intérprete, que estaba ordenado por *Hunab Ku,* Única deidad, *Oxlahun ti Ku,* Trece deidades, que caería un año de reyertas y un solo pleito se oiría, según la explicación que dan los signos pintados. Podrá ser o podrá no ser lo que ocurrirá sobre los árboles de *Chapat,* Ciempiés escolopendra. Si nos aconteciese a nosotros, ocurriría sobre el pan de maíz y sobre el agua, porque inmensa es la carga de este katún según aparece en los signos del libro y del katún, por el norte y por el sur del mundo. Aquí en *Mayapan,* Estandarte venado, se hará espantable *Ah Uuc Chapat,* El siete ciempiés escolopendra, y se hará espantable *Ah Uuc Yol Sip,* El siete corazón ofrenda.

Año tun 5 Ix

Llega la carga del 5 Ix en el decimonoveno año tun en la agonía del katún cuando se ata la carga del 5 Ahau, cuando pasa *Ah Cap Uah Tun,* El que ordena los tunes, con su exceso de miseria. Entonces será cuando resuenen los instrumentos musicales de madera que se golpean y hable *Ix Tan Yol Ha,* La que está en el corazón del agua. Será el tiempo en que se burle a sí misma *Ix Tol Och,* La ventruda zarigüeya, por el cambio de palabra y de asiento. En el decimonoveno año tun hablará *Ah Uuc Tut,* El siete de la ocarina, cuando retornen al país los *Itzaes,* Brujos del agua, y camine la estatua con máscara de cera y sea el colmo sangriento de *Ix Tan Yol Chulul,* La que está en el corazón del agua llovediza. Atrás quedarán los Señores estériles al término del poder porque otros Señores erigirán otro vaso y otra ropa con que azoten y descompongan la Máscara de Madera. En el 11 Ahau será el disputar la Estera; cuando las Máscaras de Madera se miren cara a cara, al término de la burla y de su apresamiento en los dos días, en los tres días del regreso al pozo y a la gruta, a la vuelta al ayuntamiento carnal en los linajes. El golpe seco de las tibias señalará el retorno de su poder, la vuelta del *Itzá,* Brujo del agua, a causa del dolor excesivo y de la sed excesiva; regresarán pidiendo sus lugares y sus nuevas grutas. Será cuando tiemblen los cielos y la tierra y retumben *Chaac,* Lluvia, *Ix Chuah,* La llenadora, en el pozo y en la gruta. Retrocederá la Máscara de Madera para ser la burla del bellaco rojo, para ser la burla del bellaco blanco. *Ah Maben Tok,* El de la caja de pedernal, será el poderoso del katún.

Año tun 6 Cauac

6 Cauac, Trueno, es el día del vigésimo año tun; llega el tiempo en que se toma de la mano. Durante su transcurso habrá muerte súbita y disputas de *Ah Uucte Cuy,* El siete tecolote, *Chacmitan Choc,* Gran podredumbre, cuando se golpeen los katunes. A la orilla del mar estará *Ah Maycuy,* El tecolote venado; en *Dzidzontun,* Lugar de las piedras puntadas como pezuñas; y *Chac Hubil Ahau,* Señor muy revoltoso, en *Sihomal,* Lugar de amoles. Será el tiempo en que se extiendan las tripas de *Kukulcan,* Serpiente quetzal, será el katún en que recule *Ah Chichic Soot,* El que agita la sonaja; agitará la so-

naja pidiendo su limosna y llamando con la mano al vigésimo año tun. Sonará la sonaja por segunda vez en compañía de *Ixtan Yol Ha,* La que está en el corazón del agua, para que tome su limosna de lascivo semen recogido en las hijas y en los hijos de *Tzintzin Coc Xul,* Concha de tortuga musical de vara, pero sólo dirán su palabra hasta el 6 Cauac, Trueno, porque entonces se levantará *Amayte Ku,* Cuadrado deidad, y se extenderá sobre la ceiba el *Quetzal,* y se arrojarán los restos del katún echando por delante a los lisiados y corcovados y por atrás al maligno *Xooc,* Tiburón. Entonces se hará presente *Ah Piltec* [*Piltzintecuhtli*] a tomar su limosna. Por el poniente será que se encuentren y se devoren entre sí y al terminar el poder del 5 Ahau se yerga para ser reverenciado. En el vigésimo año tun acontecerá el apresarse los unos a los otros. Profunda cosa es decir lo que está en la sobrecarga del katún.

Año tun 7 Kan

7 Kan, Piedra preciosa, es el día del término y camino del katún que tiene la Estera y el Trono. Dejará el vaso colmado de miseria el katún. Grande será el hambre que erija *Ah Uaxac Yol Kauil,* El ocho corazón sagrado, cuando llegue su tiempo al katún y cuatro caminos se formen en el cielo, y se abra la tierra, y el cielo se voltee al poniente y al oriente entristecido. Tal será la carga de su reinado. Vendado tendrá su rostro, perdido será el Trono y perdida la Estera cuando finalice el siete Kan al final del katún en el día de su muerte. Pero tendrá su pan y pedirá su pedernal de sacrificio, pedirá su limosna cuando se mueva el día 7 Kan, Piedra preciosa.

13 Oc, Coyote, será el día en que pise el katún al 2 Cauac, Trueno, cuando dé vuelta en el doblez del katún, cuando deje la Estera y el Trono y venga el cambio del vaso y del reinado, el cambio de la Estera y el cambio del Trono, cuando caiga la carga del 5 Ahau y mire hacia atrás para recoger su limosna. Sin vaso y sin Estera arrojará su poder y se levantará hacia otro mundo, pero esto sólo ocurrirá al final de la carga del katún sobre las divisiones de las ceibas en la tierra. Entonces llorará *Mayapan*, Estandarte venado, *Maycú*, Tecolote venado; asentará sus linajes en el pozo y en la gruta. Entonces será cuando haya muerte de venados [víctimas] por muerte súbita y gusaneras de Moscas, al fin de los katunes, en el doblez del katún.

7. DEL TRIBUTO QUE LOS MAYAS DE CALKINÍ PAGARON AL CAPITÁN MONTEJO [7]

Se reunieron los calkinienses a esperar que acabase de llegar el tributo de cada parte de la región. Lo entregaron al Capitán cuando había ya amanecido. Éste es el tributo que entregaron: cien [cargas] de maíz recogido de todos; de pavos un ciento también; cincuenta cántaros de miel; veinte cestos de algodón en rama. El cordón para corazas fue aportado; también algodón hilado blanco. Éste fue el tributo que recibió Montejo bajo la ceiba, en Halim.

Y comenzaron a distribuir entre ellos mismos el maíz los tupiles. Allí estaban reunidos los llamados tupiles cuyos nombres no se sabía. No salvaron ni las pechugas de los pavos tampoco; así distribuyeron igualmente los pavos como distribuyeron el algodón y el hilo y vino el desorden y comenzaron a rodear a los distribuidores y habló el Capitán y dijo: "Dadles; tomad todos", así dijo. Entonces se arrojaron sobre ellos y abrazaron en montón. Hubo quien mucho cogió, hubo quien poco tomó, por la fuerza, todos a una mujeres y hombres. Batún los apresuraba. Esto se originó en los cortiles de Na Pot Canché. Los hidalgos de los pueblos, los habitantes y su Batab Na Chan Canul, culpables, vieron cuanto sucedió; estaban escondidos en el extremo de la casa, amontonados en la casa de Na Pot Canché. Fueron atados por los españoles, lo cual causó mucho dolor a sus madres. Na May Tayú y Na Chan y Ah Kul Couoh y sus Ah Canes lo relataron desde el principio a los sacerdotes Kin May y Ah Kul Uh. Los de Ah Na Batún Uc eran Na May Tayú, uno; Ah Dza Ti

[7] Versión castellana y paleografía de Alfredo Barrera Vásquez (ver Bibliografía, *Códice de Calkiní*, 1957).

Ya, también uno; Ah Ch'auil, uno también, Ah Dzuún Ché era esclavo de Ah Cauil; Ah Chuén Chay era el segundo esclavo. Éstos eran los mayores calkinienses que vivían aquí en Calkiní. Los que estaban al frente de los pueblos eran estos: Na Hau Kumún, que tenía por nombre paal Ah Tzab y que era padre del que se llamó Juan Kumún cuando lo bautizaron; Na Cahún Ché, cuyo hijo adoptivo llamóse Juan cuando lo bautizaron; Na Cahún May, que tenía por nombre coco Ah Xun May; Na Puc Cimé, cuyo nombre coco era Ah Pach Uitz; Na Dzul Cimé; Na Couoh Mut, yerno de Na Pot Canché, cuyo hijo Na Chan Couoh, fue Batab aquí en Calkiní, su nombre coco era Na Itzá; Na Hau Ku quien no tenía antepasados, se perdieron; Na Chan Ché, cuyo nombre coco era Ah Kan Tzohom; Na Puuc, cuyo nombre coco era Ah Tup Kabal; otro también era Na Puc Uc, de nombre coco Ah Xoch'il Ich. Éstos vivían aquí cuando llegaron los españoles. Pasaron trabajos aquí en Calkiní. Jadeantes y sin cesar llevaban carga sin paga alguna día a día. En dos partes dividían el camino, con su carga: tanto por Pochoc como por Chulilhá hasta los cortiles de Na Puc Canul, quien tenía por nombre paal Ah Cen Canul. Na Cabal Batún era esclavo en los cortiles de Ah Kul Canché. Salían de aquí de Calkiní de la casa de Ah Kin Canul y llegaban a Pochoc. Guerreados salieron. Por Palcab venían con sus perseguidores detrás de ellos; el Ah Kin Canul y sus esclavos cargadores y su gente en gran número escaparon. Sus hijos eran Ah Tok el mayor, Ah Ch'im Canul y su hermano menor. Los esclavos de su padre eran cinco y su gente eran cinco también. En la casa de Ah Kul Canché se desplomaron con sus cargas todos.

1

Estoy colocando la mesa virgen
ante ti, Señor Dios.
Te ofrezco trece jícaras, frías y vírgenes palabras.

2

Kanleox, hermosa señora, y tú,
hermosa señora Magdalena, y tú,
hermosa señora Verónica, y tú,
hermosa señora Guadalupe.
Aquí os congrego donde está la majestad,
los santos señores:
el señor Zaztunchac Dios de la Lluvia Piedra Transpa-
    rente en el Oriente,
Yaxpapatun, El Rompepiedras Verde, Chacpapatun, El
    Rompepiedras Rojo,
Kanpapatun, El Rompepiedras Amarillo, Ekpapatun, El
    Rompepiedras Negro,
Kakalmozonikob, Dioses del Fuego y del Torbellino,
    Mizencaanchauc, Rayo que barre el Cielo,
Ah Thoxoncaanchaac, Nuestro Dios de la Lluvia del
    Tercer Cielo, . . .
Boloncaanchaac, Dios de la Lluvia del Noveno Cielo,

[8] Es la primera vez que se publican estos textos en castellano. Versión de Demetrio Sodi M. La versión maya y una
traducción al inglés de los cuatro primeros apareció en: Alfonso Villa Rojas, *The Maya of East Central Quintana Roo*,
Washington, D. C., Carnegie Institution of Washington. Pub.
559, pp. 159-160, 1945. Igualmente, la versión maya e inglesa
de los once textos restantes, apareció en: Robert Redfield and
Alfonso Villa Rojas, *Chan Kom. A Maya Village*, Chicago, The
University of Chicago Press, pp. 339-356, 1962.

Lelemcaanchaac, El Dios de la Lluvia Látigo Relampagueante,
Hohopcaanchaac, Dios de la Lluvia del Quinto Cielo.
Sed glorificados
mientras cae mi palabra para los protectores de la tierra,
el protector del bosque, el protector de la llanura,
el protector de la montaña.
Así hago llegar mi palabra a donde ellos residen,
están colocados...

3

Tres saludos cuando cae mi palabra allí en Punab.
Por tanto también dirijo mis palabras
a los protectores de todas las tierras,
allí donde las reciben los Grandes en Majestad,
desde aquí, el pueblo de Tusik.

4

Ofrezco a tu mano derecha estos trece panes vírgenes,
y nueve panes vírgenes, y trece cántaros,
y grandes panes vírgenes, y la ofrenda virgen.
¡Nada pidas al Santo Señor Dios
si no te lo permiten los Grandes en Majestad!

5

Aquí ofrezco ahora esta bebida Zaca al Viento del Sur
y al Torbellino de Fuego Amarillo, así como el Gran
      Viento del Oriente.
Desde los cuatro rumbos de mi milpa también la ofrezco
a los Señores Jaguares, al Viento del Norte, al Viento
      del Oeste,
al Viento del Sur,
al Gran Señor Dios...

6

Santa bebida sagrada, primera excelente bebida sagrada
ofrecida al Señor Dios
ante esta mesa, Señor Dios.
Primera mesa, primer altar,
para la primera lluvia del gran oriente,
para los cuatro grandes jaguares
de los cuatro rumbos del cielo, rumbos nebulosos,
para el dios de la lluvia en su dominio de Cobá hacia
    el gran oriente,
para que protejan a los hombres, cuatro grandes ja-
    guares.
Tres saludos cuando cae mi palabra allí, en Chichén.
Aquí traigo mi palabra, cuatro grandes dioses de la
    lluvia,
ante la mesa del Señor Dios...
para el Uno Lluvia.
Primera mesa, primer altar
para los cuatro rumbos nebulosos del cielo.
Tres saludos cuando cae mi palabra en Chemax.
Aquí traigo mi palabra, ante la mesa del Santo Señor
    Dios.

7

Aquí ahora me arrodillo para que el sacerdote Idzac
pueda ofrecer su rebosante vasija, aquí ante la mesa del
    Uno Lluvia.
Allí en el gran oriente...

8

Es ya hora de que pase la primera vasija, en el nombre
    del Señor Dios.
Es el turno de la segunda vasija, ya ha sido pasada.

9

Tres saludos cuando cae mi palabra allí, en el gran
    oriente,
allí en Cobá, para los cuatro grandes dioses de la lluvia,
para los cuatro grandes jaguares.
Tres saludos cuando cae mi palabra allí en Chichén,
para los cuatro grandes dioses de la lluvia,
para los cuatro grandes jaguares.
Aquí traigo mi palabra,
aquí ante la mesa del Señor Dios,
. . . ante la mesa del Uno Lluvia, allí en el gran oriente.
Tres saludos cuando cae mi palabra en X-katak-
    chucumil,
tres saludos cuando cae mi palabra allí en Chemax.
Tres saludos cuando cae en Nahcuche,
para el dios lluvia, para el dios jaguar
en los cuatro rumbos del cielo.
Tres saludos ‘cuando cae mi palabra en el gran pueblo
    de Zaci.
Tres saludos cuando cae en Pixoy.
Tres saludos cuando cae en X-katbe, en Uayma, en
    Sahcabchen.
Tres saludos cuando cae mi palabra en San Antonio,
tres saludos cuando cae allí en Bubul.
Tres saludos cuando cae en Chanchen, en el gran pue-
    blo de Hanbe,
en Ahmula, en San Francisco, en Sinkanchac.
Tres saludos cuando cae mi palabra en X-Mex y en
    Oxkinkiuic
para los cuatro grandes dioses de la lluvia,
los cuatro grandes jaguares.
Así traigo aquí mi palabra ante la mesa del Santo Dios
    Padre,
del dios de la lluvia y su puerta en las nubes.

Cuando cae mi palabra para el Pahuatún Blanco,
cuando cae para el Pahuatún Amarillo.
Tres saludos cuando cae mi palabra en X-Tohil,
en Pamba, en Sisal, en Colem.
Tres saludos cuando cae mi palabra en Chebalam,
en Yokdzonot-aban, en X-Kalakob, en Pekel.
Tres saludos cuando cae mi palabra en Chumucbe,
en Chankopchen, en San Pedro, en Chulul.
Así traigo mi palabra para los cuatro grandes Chaac,
    dioses de la lluvia,
ante la mesa del Santo Dios Padre.
¿Dónde se igualó la palabra dicha en Ceteac?
¿Dónde se olvidó la palabra dicha en Maní?...

10

Tres saludos cuando cae mi palabra, Señor...,
para que yo se la ofrezca a los guardianes de las Tierras
    Fértiles,
y a los Llenos de Majestad, para el Guardador de la
    Semilla,
para el Guardador de los Plantíos, El que los resfresca.
Para el que da rocío a la semilla, para el Guardián del
    Cerro,
para el Torbellino de Fuego y los Guardianes de las
    Tierras Fértiles,
así como para la deidad del bosque,
para el Señor Pahuatún Negro,
el Señor Pahuatún Rojo,
el Señor Pahuatún Amarillo,
para el Pahuatún Blanco,
los de los cuatro rumbos del cielo, cuatro rumbos
    nebulosos.
Tres saludos cuando cae mi palabra en el lugar
del Dios del Agua Relámpago Luminoso,

tres saludos cuando cae mi palabra en el lugar
del Dios de la Lluvia del Látigo Relampagueante.
Tres saludos cuando cae mi palabra en el lugar
del Señor de la Lluvia del Trueno Celeste.
Tres saludos cuando cae mi palabra en el lugar
del Dios de la Lluvia del Látigo Lluvioso y Relam-
    pagueante.
Tres saludos cuando cae mi palabra en el lugar
de la Hermosa Señora de las Gracias [plantas de maíz],
tres saludos cuando cae en el lugar de las plantas de
    maíz hambrientas,
en el lugar del Dios de la Lluvia del Último Cielo.
Tres saludos cuando cae mi palabra
en la mano derecha del Gran Dios de la Lluvia,
y en la mano del Gran Jaguar,
en la primera mesa del Gran Dios del Cielo,
en el primer altar en la mano derecha
del Señor Dios, cuya bendición se imparte
sobre una mesa santa.
Que sea llevada, que sea para una grande y santa pri-
    micia [ofrenda],
la de los Guardianes de las Tierras Fértiles,
porque ha sido ofrecida por mí en el día de mis hombres,
en los cuatro rumbos del cielo, cuatro rumbos
    nebulosos . . .

11

Tres saludos cuando cae mi palabra
para el Guardián de la Tierra Fértil allí en el Agua de
    la Flor de Mayo,
la cual es traída para que la reciba una gran mesa,
para los Guardianes de las Tierras Fértiles durante
    tres años.
Lo hago para el trabajo de los Señores de la Lluvia,

los que cubren de rocío las semillas
y que refrescan los campos.
Y para el Gran Chaac, dios de la lluvia,
para que proteja el maíz.
Así es la ofrenda de la gran mesa...

12

¡Oh mi hermoso Señor, mi hermosa Señora Natividad!
He aquí que ofrezco una grande y santa primicia
    [ofrenda]
sobre las tierras despreciadas del Santo Tiburcio,
aquel que me da una santa y grande mesa,
mi santo, a quien ofrendo en este día de días de los
    hombres,
para que la ofrezca a los Guardianes de las Tierras
    Fértiles,
a los Señores de la Majestad,
para la mano del Señor Dios,
quien da su bendición.
Aquel por quien ofrendo una santa gran primicia
a la mano derecha de los Señores de la Lluvia,
al Gran Jaguar, al Gran Chaac...

13

Héme aquí frente a tu mesa para ofrendarte, Señor Dios,
cuatro panes, nuevamente los santos y principales panes,
y cinco panes para el dios jaguar...

14

Héme aquí ofrendando a un santo nueve panes,
y un grande y santo pan para los Guardianes de las
    Tierras Fértiles,

para los Llenos de Majestad, aquí, en el pueblo de
    Chan Kom.
Llevo mi palabra. Ellos [los dioses]
vienen a recibirla en una grande y santa mesa,
en las cuatro esquinas de la mesa.
Vienen todos los Señores Guardianes de las Tierras
y los Llenos de Majestad.
Ellos reciben así una grande y santa mesa
sobre la tierra...

15

Cuando se arrodilla, el sacerdote Idzac entrega,
encamina la vasija [con la ofrenda] aquí,
en la mesa del Gran Señor de la Tierra,
aquí en los cuatro rumbos del cielo,
en la mano derecha del Señor Dios...

II

LA LITERATURA MAYA DE CHIAPAS

El estado de Chiapas, en México, es uno de los que po-seen mayor cantidad de grupos indígenas. Los más nu-merosos entre ellos son los tzotziles y los tzeltales, mien-tras que los menos numerosos (no alcanzan a ser más de 200) y en pleno proceso de extinción, son los lacandones.

Para ilustrar la literatura de esta región, hemos esco-gido los siguientes textos:

Treinta y ocho textos lacandones, *que son algunos de los 51 cantos religiosos que, entre los años 1902 y 1903, re-cogió Alfred M. Tozzer entre los lacandones de Chiapas y que publicó en su versión original y con una traducción al inglés preparada por él mismo en el libro* A Compa-rative Study of the Mayas and the Lacandones, *en 1907. Ésta es la primera ocasión que se publican en castellano.*

Textos tzotziles *que no son otra cosa que tres textos religiosos que se usan con fines curativos entre los indí-genas de ese grupo. Fueron recogidos en 1960 por el Dr. William R. Holland, a cuya gentileza debemos la posibilidad de publicarlos por primera vez. Son muy im-portantes, pues de sus frases se desprende una gran can-tidad de datos en extremo valiosos para la Etnología. El primero de ellos,* Rezo para curar el espíritu, *es su-mamente extenso, por lo que aquí se ofrece tan sólo una parte. Los otros dos aparecen completos. La versión castellana fue preparada por un indígena bilingüe, Pas-cual Hernández T'ul, quien con su ayuda hizo posible la investigación del Dr. Holland.*

1. TREINTA Y OCHO TEXTOS LACANDONES [1]

1. *Un juego de arco y flechas ofrecido a los dioses cuando un niño llega a la edad de la pubertad*

Héme aquí, para enrojecer su arco y su haz de flechas, oh Señor. Mira su arco y su haz de flechas, es de mi hijo, oh Señor. Cuando él crezca, te dará una ofrenda de papel, oh Señor.

2. *Eclipse de Sol*

Oh Señor, el más excelente, no permitas que este fuego desaparezca. Sal fuera, al calor, después cumpliré contigo, oh Señor, el más excelente. Mira, sal, ven al calor, yo, aunque pobre, veo al más excelente. Está oprimido. No me he equivocado. No me relaciono con nadie, oh Señor, yo no me relaciono con nadie, ni con los míos, oh Señor . . .

3. *Adivinación del nombre del dios cuya presencia es deseada*

Hago esto, muevo las manos para él, cuyo nombre está en el cielo, para él, cuyo nombre está en mi mano. No permitas un nombre falso en mi mano. Tómame, recíbeme, dame tu nombre, no permitas un nombre falso en mi mano. Para él, cuyo nombre está en el cielo, en la casa celeste, digo su nombre con mi mano, digo su

[1] Estos textos fueron recogidos por Alfred M. Tozzer en la selva lacandona, Chiapas, México. Los publicó en versión maya e inglesa en: Alfred M. Tozzer, *A Comparative Study of the Mayas and the Lacandones,* New York, 1907. Es la primera vez que aparecen en castellano. Versión de Demetrio Sodi M.

nombre en el cielo. No permitas que mi mano mienta. En la casa celeste, dí tu nombre. En la casa celeste, recibe el espíritu. Tómame. Dentro está el tronco, la raíz de ... [aquí se pronuncia el nombre del dios cuya presencia es deseada]. Para él, digo su palabra con mi mano. Que no desaparezca de mi mano. Él dice la verdad. Él está concluyendo su palabra aquí en mi mano. Él se levantará si está bien dicha. Él concluye su palabra en mi mano.

4. *Adivinación del nombre de la ofrenda que desean los dioses*

Una ofrenda de posol si él la quiere, el Señor. Una ofrenda de posol si él la desea, el Señor. Algo que sea su regalo si tú lo quieres, ¡oh Señor! ¿Qué quieres? ¿Una ofrenda de posol? ¿Qué quieres? ¿Una ofrenda de posol? ¡Tú te levantas, tú te elevas, tú te reanimas! ¡Haré mi ofrenda de posol para ti!

5. *Un don de frijoles ofrecido a los braseros en nombre de los dioses.*

He aquí los primeros frijoles. Te los doy, ¡oh Señor! Yo los comeré.

6. *Una ofrenda de posol administrada a los braseros*

Mi ofrenda de posol es para ti, ¡oh Padre!
Frente a ti vierto, sirvo de nuevo [mi posol] en tu boca, para tu bienestar, para que vengas y divinices a mis hijos, para que desciendas. Detén tu paso para beber mi ofrenda [de posol] que es para ti. Mi ofrenda es para ti, ¡oh Padre!, [estando] frente a ti te la doy para que la ofrezcas al padre. Mi ofrenda es para ti, ¡oh

Padre!, frente a ti la ofrezco nuevamente para ti, para ti, para tu felicidad. Toma la ofrenda, es para ti. Tómala, es para ti, es tu regalo. Toma la ofrenda de nuevo, para tu felicidad, para que alegres a mis hijos. Toma la ofrenda para que me alegres. Yo, sólo, te hago sacrificio.

7. *Una ofrenda de posol administrada al brasero de Usucún*

Frente a ti vierto, sirvo en tu boca, Usucún, ¡oh Señor!, mi ofrenda de posol.

8. *Una ofrenda de posol que se hace al este de la choza sagrada.*

Viene la parte principal [de mi ofrenda], es para ti, ¡oh Señor! Acéptala, es para [el bien] del espíritu de mis hijos, ¡oh Señor mío! Es para [el bien] del espíritu de mi esposa. Para que tú la comas, para que tú la bebas. Toma la ofrenda de posol es para ti, es tu regalo.

9. *Hojas de palma distribuidas a los participantes en el rito*

Recibe estas hojas, oh calor del fuego, son tuyas. Estoy yendo a limpiar tus dones.

10. *Hojas de palma sostenidas sobre el humo del incienso ardiente*

Frente a ti inhalo tu humo, por eso estoy bien. Yo gozo de la vida. Yo te hago sacrificio. Que no me muerda la serpiente, que no me muerda el tigre. Por eso estoy bien. Que no haya dolor. Que no haya fiebre. Que no aprisione el dolor al espíritu de mis hijos. Que no aprisione la fiebre al espíritu de mis hijos, ni al espíritu de mis hijos ni al de mi mujer.

11. *Canto por un niño pequeño, con las hojas de palma consagradas en el humo del incienso*

Guarda a mi hijo, oh mi Señor, que no tenga dolor, que no tenga fiebre. Que no lo aprisione el dolor en los pies. No lo castigues con fiebre en los pies. No castigues a mi hijo con mordeduras de serpiente. No le castigues con la muerte. Mi hijo juega, se divierte. Cuando crezca, él te hará ofrenda de posol, él te dará ofrenda de copal. Cuando crezca, te dará tortillas. Cuando crezca, te dará papel. Cuando crezca, te hará sacrificio.

12. *Una jícara de posol distribuida a cada uno de los participantes*

Siéntate, bebe mi ofrenda de posol, es para ti.

13. *Ofrenda individual de un poco de la ofrenda de posol*

Viene su espíritu, el de él, el del Señor. Mi ofrenda de posol es para ti, para el espíritu de mis hijos. Viene la cabeza [parte principal] de mi don para ti, ¡oh Señor! Para el espíritu de mi esposa.

14. *Canto durante la fermentación de la bebida sagrada*

La corteza [del balch'é] pasa por mis manos, la corteza [del balch'é] pasa por mis pies. Yo soy el que oficio primero. Yo soy el que ayuda a oficiar. Yo soy el que le da calor. Yo soy el que lo hace hervir. Yo soy el que hace hervir. Yo soy el que oficio primero. Yo soy el que lo mueve con cuchara. Yo lo mezclo. Yo soy el que lo oficio después. Lo curaré con chile verde, eso quita, hace buenas las penas. Lo curaré con chile verde, y me pondrá bueno, me hará mentir [en la embriaguez].

15. *Purificación de la bebida ceremonial contenida en el tronco hueco*

¡Que se rompa! ¡Que se quiebre! Frente a ti estoy incensando, incensando el árbol. ¡Que se rompa! ¡Que se quiebre! Yo soy el que hace buenos [alivia] los malos efectos. Yo soy el que hace bueno [alivia] el dolor de cabeza. Yo soy el que no humedece la madera del tronco hueco. Yo soy el que hace buenos los movimientos de la carne.

16. *Purificación de los granos de copal*

¡Que se rompa! ¡Que se quiebre! Yo te quemo. ¡Vive! ¡Despierta! No duermas, ¡trabaja! Yo soy el que te despierta a la vida. Yo soy el que te eleva a la vida, dentro del recipiente. Yo soy el que te reanima. Yo soy el que te despierta a la vida. Yo soy el que te eleva a la vida. Yo soy el que construye tus huesos. Yo soy el que construye tu cabeza. Yo soy el que construye tus pulmones. Soy el que te construye, tu hacedor. Para ti, esta bebida sagrada. Para ti esta ofrenda de balch'é. Yo soy el que te eleva a la vida. ¡Despierta! ¡Vive!

17. *Una ofrenda de balch'é y cacao colocada ante los braseros*

Frente a ti sirvo, vierto mi agua sagrada [balch'é], que

es para ti, con [y] este cacao. Estando frente a ti te doy esta agua sagrada, es para ti, llévala al padre. Frente a ti hago esta ofrenda de agua sagrada. Es para ti, para ti.

18. *Una ofrenda a los dioses, de papel de corteza hecho a mano*

Hélo aquí. Acepta mi papel. Con él te envuelvo la cabeza, de nuevo, para tu felicidad. Es para ti, para que cuides a mis hijos. Cuando ellos crezcan, mis hijos te harán sacrificio. Acepta el papel, es para ti, ofrécelo al padre. Con él te envuelvo la cabeza, para que cuides a mi esposa, que hace posol, que hace tortillas.

19. *Balch'é administrado a los braseros en nombre de los dioses*

Agua sagrada [balch'é] vierto y sirvo en tu boca. Te estoy dando agua sagrada otra vez para tu bienestar, es para ti, ofrécela al padre. Agua sagrada vierto y sirvo para ti, en tu boca, es para ti, para ti, ven y mira. Desciende, mira. Frente a ti cumplo [con mi ofrenda] de agua sagrada, que vierto y sirvo en tu boca. Es para ti, para que la bebas de nuevo para tu bienestar. Agua sagrada te doy en la boca, de nuevo, para tu bienestar. Anímense, hijos míos. Agua sagrada te doy. Anímate, esposa mía. Agua sagrada te doy de nuevo en la boca para tu bienestar. Me animo. Yo sólo, te hago sacrificio.

20. *Tamales ofrecidos a los braseros en nombre de los dioses*

Para ti [en persona] estos tamales, estas tortillas gruesas, esta ofrenda de tortillas, de muchas tortillas, de tortillas envueltas en hojas, una gruesa ofrenda de tortillas envueltas, partidas en dos, partidas en tres, para muchos días, para muchos años.

21. *Balch'é ofrecido a los braseros en nombre de los dioses*

Personalmente recíbelo con agrado, recíbelo con agrado, está lejos, se ha ido el olor de la vainilla. Recíbelo con agrado, ya pasa [entra] a ti la vida, pasa a ti el espíritu, para muchos días, para muchos años. Ya pasa a ti la vida, ya pasa a ti el espíritu. Recíbelo con agrado, está lejos el olor de la vainilla, se ha ido el olor.

22. *Granos de copal ofrecidos al este de la choza ceremonial*

Estoy elevando mis dones para ti, para ti, para que desciendas y veas mi don. Frente a ti tomo en mis manos los dones para ti, para que desciendas, veas y adquieras sabiduría.

23. *Los granos de copal ofrecidos a los braseros en nombre de los dioses, dentro de la choza de las ceremonias sagradas*

En persona estás en el recipiente lleno de granos [de copal], lleno de resina. Estás en el recipiente lleno de granos, lleno de resina. Cuando el día está virgen, cuando está virgen la noche, cuando se va el día, cuando se va la noche, cuando está descendiendo el día, cuando está descendiendo la noche, a la mitad del día, a la mitad de la noche, cuando se va el día, cuando se va la noche, cuando el día está virgen, cuando la noche está virgen, cuando el cielo está claro, cuando está lleno de nubes, por muchos días, por muchos años. Cuando el día está virgen, cuando está virgen la noche, cuando se va el día, cuando se va la noche. Lleno de granos, lleno de resina. El espíritu es tu don. Te pongo en pie [en] el recipiente.

24. *Una ofrenda de carne colocada ante los braseros en nombre de los dioses*

Frente a ti ofrendo esta carne, es para ti, ofrécela al padre, es para ti, llévala al padre. Estoy dándotela para tu bienestar. Es para ti, para ti. Mi [ofrenda] de carne es para ti.

25. *Un poco de la bebida ceremonial dada al jefe de la familia*

Tengo esto en mis manos para ti, para que lo bebas de nuevo para tu felicidad.

26. *Un don de carne ofrecido a los braseros en nombre de los dioses*

Para ti mismo esta carne. Ya te he dado carne [en otras ocasiones]. Está pasada por el fuego, oh Señor. Para muchos días, para muchos años. Carne buena para ti, bien guisada, carne cocida, buena carne para ti, bien guisada. Esta ofrenda de carne, esta ofrenda de carne, oh Señor, para muchos días, para muchos años.

27. *Una ofrenda de tamales administrada a los braseros*

Coloco sobre tu boca, ¡oh Señor!, mi ofrenda de gruesas tortillas [tamales] para ti. La carne, de nuevo para tu bienestar, mi ofrenda de gruesas tortillas a ti, mi ofrenda de carne para ti, Señor. Te estoy dando mis gruesas tortillas a ti, mi ofrenda de carne para ti, de nuevo para tu felicidad, de nuevo para que vivan mis hijos, de nuevo para que vivan los míos.

28. *La ofrenda de carne y tamales presentada al este de la choza ceremonial*

Viene la cabeza [parte principal] de esta carne para ti, mis tamales para ti, ¡oh Señor! Toma la carne para ti, toma los tamales para ti, para que vivan mis hijos, para que viva mi esposa, la que hace posol, la que hace tortillas.

29. *La ofrenda de carne y tamales distribuida a los participantes*

Te doy un poco de carne de nuevo, para tu felicidad. Te doy un poco de tamal de nuevo, para tu felicidad.

30. *Ofrenda individual de una partícula del don de carne y tamales*

Aquí viene la cabeza [parte principal] de mis tamales para ti, ¡oh Señor! Aquí viene la parte principal de esta carne para ti, ¡oh Señor!

31. *La última ofrenda de posol a los braseros viejos*

Vierto, sirvo en tu boca mi ofrenda de posol para ti. Vierto, sirvo dentro de tu imagen mi ofrenda de posol para ti. Es para ti, para que subas y te sientes en tu lugar de reposo. Se ha terminado tu cacao. Se ha terminado tu posol. Se ha terminado mi sacrificio a ti. He terminado de ofrendarte.

32. *Los viejos braseros son limpiados y las imágenes quitadas de donde estaban*

Te estoy limpiando, quitando la ceniza, ¡oh Señor! Siempre la quito con hojas de palma en mi casa para ti.

33. La primera ofrenda hecha a los nuevos braseros y las imágenes colocadas en las vasijas

Mira, la vierto, la sirvo en tu boca, ¡oh Señor!, recíbela. Mira, la vierto, la sirvo en tu boca. Recíbela de nuevo para tu felicidad. Sobre tu nueva vasija coloco la nueva imagen. Las hojas de palma de mi casa son para ti, ¡oh Señor! Mira, la llevo sobre tu nueva vasija, ¡oh Señor! Mira, cambio las hojas de palma de mi casa para ti, sobre tu nueva vasija. Mira, te ofrendo de nuevo para tu felicidad. Mira, te ofrendo sobre tu nueva vasija de nuevo para tu felicidad. Yo dije era para ti. Mira, te doy resina, sobre tu nueva vasija. Mira, a tu nueva vasija doy balch'é. Es tu regalo, de nuevo para tu felicidad. Con papel envuelvo tu cabeza en la nueva vasija, de nuevo para tu felicidad. Y [también] miel. Te ofrendo totopostles. Mi bebida sagrada es para ti, te ofrendaré en tu nueva vasija, de nuevo, para tu felicidad.

34. Una ofrenda de posol para los nuevos braseros en nombre de los dioses

Frente a ti levanto mi ofrenda de posol, es para ti. Ven a mirar tu vasija. Desciende a mirar tu vasija, ¡oh Señor! Vive, vasija, yo te hago sacrificio.

35. Una ofrenda de balch'é dada a la olla ceremonial

Vierto, sirvo sobre tu boca, olla de balch'é, un poco de este líquido. Es tu regalo.

36. Un don de tabaco dado a los braseros a nombre de los dioses

He aquí el tabaco, te doy su cabeza [parte principal], ¡oh Señor! Fumaré este andullo [de tabaco], ¡oh Señor!

37. *Un don de posol ofrecido a los braseros en nombre de los dioses*

Para ti mi ofrenda de posol. Esta ofrenda. Para muchos días, para muchos años. Muchos días pasarán, muchos años pasarán. Para ti esta ofrenda de posol.

38. *Canto usado cuando se toma un día libre*

Que no me muerda la serpiente, que no me muerda el tigre. El que se va es [aquí se inserta el nombre de la persona]. Que no se rindan sus pies. Que no se corte con una astilla aguzada.

2. CANTO LACANDON [2]

Frente a ti ofrezco mi copal, es para ti.
Ofrécelo al padre, es para ti, elévalo al padre.
Cumpliré de nuevo con mi ofrenda de posol, es para ti,
    ofrécelo al padre.
Cumpliré de nuevo con mi ofrenda de posol para ti,
    para ti.
Frente a ti hago mi don, de nuevo, para tu felicidad.
La he ofrecido para que mi don no se corrompa, per-
    manezca entero,
sea la cabeza [parte principal] de mi don, para ti,
¡No se quiebre el don que te hago!
¡No se rompa el don que te hago!
¡Mírame haciéndote un don, oh Padre!
¡Que no sea yo hundido en el fuego de la fiebre!
Yo te he colocado en el nuevo brasero,
mírame haciéndote nuevamente un don para tu felicidad
mírame haciéndote un don para el espíritu de mis hijos.
Que no queden cercados [que no los aprisione] la
    enfermedad,
que no los aprisione el viento frío en los pies,
que no los aprisione el fuego de la fiebre.
Entra, camina y ve a mi hijo,
sana a mi hijo.

[2] Texto recogido por Alfred M. Tozzer en la selva lacandona, Chiapas, México (Región del Pelhá). Versión original
e inglesa en: Alfred M. Tozzer, *A Maya Grammar*. Cam-
bridge, Massachusets, Peabody Museum of American Archeo-
logy and Ethnology, Harvard University, 1921. Versión castellana de Demetrio Sodi M.

3. POEMA LACANDÓN [3]

Cada vez que levanto mi pie,
cada vez que levanto mi mano,
muevo la cola.
Escucho tu voz venir de muy lejos.
Casi estoy dormido:
busco un árbol caído,
voy a dormir en el árbol caído.
Mi piel, mi pie, mi mano,
mis oídos están rayados.

[3] Texto recogido entre los lacandones de Pelhá por Phillip y Mary Baer. Apareció, publicado por ellos en versión original e inglesa, en la revista *Tlalocan*, vol. II Nº 4, pág. 376, México, 1948. Versión castellana de Demetrio Sodi M.

4. TEXTOS TZOTZILES[4]

Rezo para curar el Espíritu

Misericordia Señor, nueve juncias,
nueve konkon, nueve tilil,
nueve kos, nueve palmas,
nueve cruz de tecolúmate,
nueve jilon de tecolúmate,
nueve vojton de tecolúmate.
Señor, están listas las lindas plantas
delante de tus divinos ojos, Señor.
Dame tu perdón, tu licencia, Señor
para que sea recibido mi humilde incienso,
mi humilde humo, Señor.

. . . .

Pronuncio tu nombre para hablarte, Señor,
de tu hijo que se encuentra sumamente grave de dolores.
Ya tengo arregladas, ya tengo preparadas
las nueve clases de sagradas flores, de sagradas hojas
para levantarle su espíritu, su waiyijel
que ya tiene días, que ya tiene tiempo
de estar enfermo, de tener los dolores, Señor.
Está muy acabada su carne, está muy acabado su
    cuerpo.

. . . .

Sagrados Grandes Hombres, Sagrados Grandes Señores.
Concédeme tu perdón, concédeme tu licencia
Sagrado Padre
para desatar, para soltar
el espíritu, el waiyijel de tu hijo.

[4] Estos textos se publican por primera vez. Fueron recogidos por el Dr. William R. Holland en los Altos de Chiapas, México, 1960. Versión castellana de Pascual Hernández T'ul.

Bájame, envíame de las alturas,
desde los trece niveles del sagrado cielo, de la sagrada
    gloria,
tus trece sagradas gracias, tus trece sagradas bendiciones.

. . . .

Pronuncio tu nombre.
Está acabada su carne, su cuerpo
del que se ha caído su ch'iebal [linaje].
Hazme el favor, Señor,
te lo suplico y te lo ruego, Sagrado Padre,
sírvete de una humilde vela para que le des vida y
    salud.
Recíbela con tu mano derecha, Padre . . . ,
recibe la humilde vela y el humilde incienso y el hu-
    milde humo,
Señor.
Es tu alimento, es tu sustento, Padre
y hombre hermoso, lindo Señor que estás en medio del
    cielo.
He venido a molestar [durante] unas dos horas
tu sagrada cabeza, tu sagrado corazón.
He venido con nueve juncias, con nueve konkon,
nueve tilil, nueve palmas,
nueve cruz de tecolúmate, nueve vojton de tecolúmate,
para ofrecértelas, para platicar.
Sagrado Padre, perdónale, Dios,
concédele más vida, más salud, Señor.
Por eso te ofrezco la humilde vela.
Hazle el favor, Señor, dale más vida y salud.

. . . .

Pronuncio tu nombre, platico
delante de tu lindo rostro, delante de tus lindos ojos,
    Señor . . .

Tantas enfermedades, tantos dolores
lo tienen cansado, lo tienen perezoso.
Las conexiones de los huesos, las conexiones de las
    cuerdas
aquí se remediarán bajo nueve juncias,
bajo nueve tilil, nueve kos y una sagrada vela,
y dos gallinas para reponer [el waiyijel].
Serán recibidas en medio del ch'iebal,
convento cerro, convento cueva,
convento ch'iebal.
Hazme el favor, Señor, donde se haya caído,
donde se haya resbalado su espíritu, su waiyijel,
donde lo abracen, donde lo carguen,
desátalo y ponlo en libertad.
Hazme ese sagrado favor, Señor.

. . . .

Lindo hombre, lindo Señor,
aquí se arregla su carne, su cuerpo
delante de tu divina presencia, delante de tus divinos
    ojos, Señor.
Le estoy dando el primer baño,
le estoy dando la primera lavada, Señor.
Con eso se normalizará
la carne, el cuerpo de tu hijo, Señor.
Hazle el favor Sagrado Padre.
Ya no aguanta, ya no soporta
el cansancio de su carne, el malestar de su cuerpo.
Está cansado el pulso grande, el pulso chico,
está cansada su cabeza blanca, su corazón blanco,
las cuerdas de su cabeza, las venas de su corazón.
Por eso te recuerdo, Señor, que no venga la recaída.
Señor, que no se presenten los poderosos brujos,
los totiles que echan pos lom, los meiles que echan pos
    lom,

los totiles que echan sarpullido, los meiles que echan
    sarpullido,
los totiles que se convierten en arco iris,
los meiles que se convierten en arco iris,
los totiles que se convierten en mariposa,
los meiles que se convierten en mariposa,
los totiles que se convierten en pájaro negro,
los meiles que se convierten en pájaro negro.
Los totiles que vuelan entre las nieblas,
los meiles que vuelan entre las nieblas
que no se presenten ni se apoderen
de tu hijo, Señor.
Vale más tu sagrado poder,
vale más tu sagrada presencia
para cuidar, para vigilar a tu hijo.
. . . .

Por eso he venido a rogarte, he venido a platicarte
ante tu divina presencia,
delante de tus divinos ojos, Señor.
Ofrezco una copa,
una medida [de aguardiente]
estoy ofreciendo, Señor.
Dos reposiciones [del espíritu],
dos plumas coloradas y plumas amarillas
y una paloma colorada y una paloma amarilla,
una pluma blanca, una paloma blanca
es la reposición, es el trueque, Señor
por su espíritu, su waiyijel.
En el décimo tercer nivel del sagrado ch'iebal
la recibirán con sus manos los sagrados petomes,
los sagrados cuchomes,
los sagrados totiles, los sagrados meiles
que has puesto como tus representantes,
en las trece gradas del sagrado ch'iebal.

Son subalternos tuyos [los totiles y los meiles].
No la tiren, no la avienten,
dame tu perdón, Sagrado Padre,
dame tu licencia, Señor,
hazme el favor, Señor,
tú mismo debes estar, tu sagrada presencia
para ver y cuidar durante tres días y tres noches
con las nueve juncias,
con nueve konkon,
con los nueve tilil, Señor.
Aquí se tiene que componer, se tiene que mejorar
con el baño, con el aseo,
con tres corrientes de agua, con tres corrientes de
    arroyo,
con agua de olores, con perfume de flores reventadas,
con perfume de flores rellenadas.
Con eso lo lavo, con eso baño su espíritu
con flor de manzanilla,
con flor de rosa, con flor de azucena,
con eso se refrescará, con eso se normalizará
el pulso grande, el pulso chico,
su cabeza blanca, su corazón blanco.
Dame tu perdón, tu licencia, Señor,
pues no me sé explicar, no me sé expresar, Sagrado
    Padre.
Ya no sé cómo se expresaron tus hijos mis antepasados,
cómo los curanderos anteriores,
cómo los médicos antepasados, Señor.
Seguramente te veneraban en la mejor forma posible,
ante tus divinos ojos.
Perdóname cien veces, Señor
por explicarme en unas cuantas palabras, las más
    mínimas,

ante tu divina presencia, ante tus divinos ojos
lindo Dios, lindo Señor.

. . . .

Sagrado totil, sagrado meil
que están en el gran Sakom Ch'en,
Nenvits grande, Nenvits pequeño,
háganme el favor, por eso pronuncio sus nombres,
sagrado totil, sagrado meil
que están en el Ashvits grande,
Ashvits pequeño,
Jolnamo'och grande,
Jolnamo'och pequeño,
Naob grande,
Naob pequeño,
sagrado totil, sagrado meil
que están en el Balavits grande,
Balavits pequeño,
Kunabilum grande,
Kunabilum pequeño,
que no me lo avienten,
que no me lo tiren
el tigre y el jaguar,
el lobo y el coyote,
el vet y el saben.

Rezo de agradecimiento por éxito en la cacería de un
   venado

Sagrado cielo, sagrada tierra, sagrada gloria, Señor.
Principal sagrado ángel, principal sagrado capitán,
sagrado portero, Señor,
me has abierto las puertas,
ahora, Señor, me has abierto las puertas del establo,
ahora, Señor.
Ahora, Señor, delante de tu preciosa presencia,

delante de tus lindos ojos, Señor,
lo tengo en mis manos,
lo tengo a mis pies [al venado].
No se quedó con los deseos, no se quedó con la ilusión
el corazón
de mi humilde cuerpo, mi humilde presencia.
Forma parte de tus bienes del corral, de los bienes de
tu hacienda,
de lo que es tuyo, Señor.
Te da gracias mi humilde cuerpo,
mi humilde presencia.
Sírvete del valor ahora, Señor,
ese es el pago [por el venado].
Que vaya alumbrando y sea brillante
sobre la sagrada mesa de madera,
sea mandado dentro del cielo, dentro de la gloria,
así sea, Señor.
Espero que no se enoje,
espero que no se disguste
tu preciosa cabeza, tu lindo corazón, Señor.
Que no sea el primero ni el último, Señor.
Concédeme ver desde el más grande hasta el más chico,
todos los que andan aquí
delante de tus lindos ojos.
Todos en general, Señor.
Perdona mi humilde presencia,
mi humilde cuerpo, Señor.
Mis humildes agradecimientos,
mi humilde plática acéptalos, Misericordioso Señor,
sírvete de ellos.
[Dame] la sagrada gracia, la sagrada bendición.

Rezo para curar la epilepsia

Fuego verde, niebla en el aire,
te has convertido en epilepsia.
Fuego amarillo, te has convertido en epilepsia.
Viento del norte,
te has convertido en epilepsia,
una epilepsia causada por el sueño,
niebla blanca te has convertido en epilepsia,
niebla roja te has convertido en epilepsia.
Lo desataremos,
nueve veces lo desataremos,
lo desharemos,
nueve veces lo desharemos,
lo calmaremos, nueve veces lo calmaremos, Señor.
En una hora, en media hora, para que se vaya como
    una niebla,
que se vaya como una mariposa.
¡Arréglate, pulso grande! ¡Arréglate pulso chico!
Los dos pulsos en una hora, en media hora,
así sea, Señor.
Así te acabas [epilepsia],
sobre trece montañas,
sobre trece lomas,
ahí te acabas en medio de trece filas de rocas,
ahí te acabas en medio de trece filas de árboles.

III

LA LITERATURA MAYA
DE GUATEMALA

Hemos escogido, para ejemplificar la literatura maya de Guatemala, los siguientes textos:

La Creación del mundo, de los animales, de las plantas y del Hombre, y La leyenda de los Gemelos, *ambos provenientes del* Popol Vuh. *Siendo este libro tan importante, hemos creído conveniente relatar brevemente su historia.*

El Popol Vuh [1]

A principios del siglo XVIII, el Popol Vuh *fue descubierto por el padre Fray Francisco Ximénez, cura de Chichicastenango en Guatemala, en una vieja alacena de la sacristía de su iglesia. El mismo padre Ximénez, interesado en las cosas indígenas, copió el texto quiché tal como se encontraba, e hizo una traducción al castellano. Por el texto, podemos calcular que fue escrito hacia el año de 1555 aproximadamente, y aunque en él hay clarísimas interpolaciones cristianas, no cabe duda que la mayoría de los textos registran tradiciones de origen prehispánico.*

El manuscrito pasó después al poder del abate Brasseur de Bourbourg, quien lo tradujo al francés y lo llevó a Europa como parte de su Colección Americana. Después de la muerte del abate, esta obra fue adquirida por el señor Edward E. Ayer, quien la incorporó a su valiosa colección lingüística, la cual se conserva en la Biblioteca Newberry de Chicago. Hay que tener en cuenta que el manuscrito original se perdió, y lo que se conserva en la actualidad es la transcripción del quiché que hizo el padre Ximénez, así como las traducciones al castellano del mismo autor y al francés del abate de Bourbourg.

[1] Ver Bibliografía. *Popol Vuh. Las Antiguas Historias del Quiché*, 1947, 1953 y 1960.

Hemos utilizado para esta publicación la magnífica traducción que hizo de la transcripción quiché del padre Ximénez, el recién fallecido investigador guatemalteco Adrián Recinos. (Recinos, 1947, 1953 y 1960.)

Por último, publicamos, también en versión de Adrián Recinos, el principio del Memorial de Sololá o Anales de los Cakchiqueles. (Recinos, 1950.)

Contiene este libro los más importantes documentos del pueblo Cakchiquel de Guatemala. Se conoce a través de una transcripción del libro original hecha en el siglo XVII, la cual se conserva en el Museo de la Universidad de Pennsylvania. Ha sido publicada, antes que lo hiciera Recinos, en dos versiones, una de Brasseur de Bourgbourg y otra de Daniel G. Brinton. El texto es muy interesante, tanto porque cuenta los orígenes del pueblo Cakchiquel, como porque da también una versión de la creación del hombre, que aunque es casi igual a la del Popol Vuh, permite hacer un cotejo y notar la similitud de las tradiciones.

El teatro maya

Es inevitable decir unas palabras sobre el teatro maya prehispánico. De acuerdo con cronistas e historiadores, las grandes culturas prehispánicas tuvieron un teatro bastante evolucionado. Cortés y Sahagún [2] nos comunican que los aztecas, últimos herederos de la cultura náhuatl, usaban una forma de teatro que tenía como finalidad divertir al pueblo, pero que también se usaba como medio de enseñanza de mitos y tradiciones.

[2] Cf. Hernán Cortés, Cartas de Relación de la Conquista de México. 3ª edición, Buenos Aires, Espasa Calpe, 1957; Fray Bernardino de Sahagún, Historia General de las Cosas de la Nueva España. Preparado por Ángel Ma. Garibay K., México, Editorial Porrúa, 1956, cuatro volúmenes.

Lo mismo acontecía entre los mayas. Dice Fray Diego de Landa en su Relación de las Cosas de Yucatán: *"Los indios tienen recreaciones muy donosas y principalmente farsantes, que representaban con mucho donaire; tanto que [a] éstos alquilan los españoles para no más que vean los chistes de los españoles que pasan con sus mozas, maridos, o ellos propios, sobre el bien o mal servir, y después lo representan con tanto artificio como [los] curiosos españoles" (Landa, 1938).*

Desgraciadamente la casi totalidad de las obras teatrales prehispánicas desapareció. Algunos autores han hecho reconstrucciones del teatro náhuatl, teniendo como base los textos conservados a partir del siglo XVI (Garibay, 1953, y León-Portilla, 1959),[3] pero no existen datos suficientes para reconstruirlo del todo.

Lo mismo sucede con los mayas, aunque sin embargo, no solamente tenemos para certificar la existencia de un teatro maya la aseveración de Landa que acabamos de citar, sino que él mismo dice que la ciudad de Chichén Itzá "tenía delante la escalera del norte, algo aparte, dos teatros de cantería pequeños de cuatro escaleras y enlosados por arriba, en que dicen representaban las farsas y comedias para solaz del pueblo" (Landa, 1938).

Pero hay más, y de suma importancia. La única obra del teatro prehispánico que ha llegado a nosotros casi completa, pertenece a la cultura maya. Fue escrita en quiché, por lo que debemos incluirla en el presente Capítulo sobre la literatura maya de Guatemala. Se conoce con el nombre de Rabinal Achí, *que significa "El Varón de Rabinal".*

Esta obra se siguió representando después de la Con-

---

[3] Ángel Ma. Garibay K., *Historia de la Literatura Náhuatl,* México, Editorial Porrúa, 1953, vol. I pp. 331 a 384; Miguel León-Portilla, "Teatro Náhuatl Prehispánico". *La Palabra y el Hombre,* pp. 13 a 36. Xalapa, enero-marzo, 1959.

quista durante unos tres siglos, aproximadamente hasta el año de 1820. Treinta años después, en 1850, el último de los que sabían la obra por tradición oral, Bartolo Zis, habitante del pueblo donde se representaba, San Pablo de Rabinal, Guatemala; la redactó como legado a sus descendientes.

El abate Brasseur de Bourgbourg tradujo la obra en 1862, y gracias a él se conoce desde entonces. El argumento es muy sencillo: El Varón de Rabinal, hijo del Jefe Cinco-Lluvia, vence en una batalla al Varón de los Queché, y después de hacerlo prisionero, lo lleva ante su padre. Éste concede al vencido varios favores, como "suprema señal de muerte", y después, como correspondía a todo guerrero prisionero de guerra, el varón de los Queché es sacrificado. La obra se representaba acompañada de danza y música.

Presentamos al lector la última parte del drama que fue dividido en dos actos por el profesor Georges Raynaud, quien preparó otra versión, que difiere en algunos puntos de la de Brasseur de Bourgbourg, y que es la que utilizamos.

1. LA CREACIÓN DEL MUNDO, DE LOS ANIMALES, DE LAS PLANTAS Y DEL HOMBRE

I

Ésta es la relación de cómo todo estaba en suspenso, todo en calma, en silencio; todo inmóvil, callado, y vacía la extensión del cielo.

Ésta es la primera relación, el primer discurso. No había todavía un hombre, ni un animal, pájaros, peces, cangrejos, árboles, piedras, cuevas, barrancas, hierbas ni bosques: sólo el cielo existía.

No se manifestaba la faz de la tierra. Sólo estaban el mar en calma y el cielo en toda su extensión.

No había nada que estuviera en pie; sólo el agua en reposo, el mar apacible, solo y tranquilo. No había nada dotado de existencia.

Solamente había inmovilidad y silencio en la obscuridad, en la noche. Sólo el Creador, el Formador, Tepeu, Gucumatz, los Progenitores, estaban en el agua rodeados de claridad. Estaban ocultos bajo plumas verdes y azules, por eso se les llama Gucumatz. De grandes sabios, de grandes pensadores es su naturaleza. De esta manera existía el cielo y también el Corazón del Cielo, que éste es el nombre de Dios y así es como se llama.

Llegó aquí entonces la palabra, vinieron juntos Tepeu y Gucumatz, en la obscuridad, en la noche, y hablaron entre sí Tepeu y Gucumatz. Hablaron, pues, consultando entre sí y meditando; se pusieron de acuerdo, juntaron sus palabras y su pensamiento.

Entonces se manifestó con claridad, mientras meditaban, que cuando amaneciera debía aparecer el hombre.

---

⁴ Versión castellana de Adrián Recinos (ver Bibliografía, *Popol Vuh*).

Entonces dispusieron la creación y crecimiento de los árboles y los bejucos y el nacimiento de la vida y la creación del hombre. Se dispuso así en las tinieblas y en la noche por el Corazón del Cielo, que se llama *Huracán*.

El primero se llama *Caculhá Huracán*. El segundo es *Chipi-Caculhá*. El tercero es *Raxá-Caculhá*. Y estos tres son el Corazón del Cielo.

Entonces vinieron juntos Tepeu y Gucumatz; entonces conferenciaron sobre la vida y la claridad, cómo se hará para que aclare y amanezca, quién será el que produzca el alimento y el sustento.

— ¡Hágase así! ¡Que se llene el vacío! ¡Que esta agua se retire y desocupe [el espacio], que surja la tierra y que se afirme! Así dijeron. ¡Que aclare, que amanezca en el cielo y en la tierra! No habrá gloria ni grandeza en nuestra creación y formación hasta que exista la criatura humana, el hombre formado. Así dijeron.

Luego la tierra fue creada por ellos. Así fue en verdad como se hizo la creación de la tierra: — ¡Tierra! — dijeron, y al instante fue hecha.

Como la neblina, como la nube y como una polvareda fue la creación, cuando surgieron del agua las montañas; y al instante crecieron las montañas.

Solamente por un prodigio, sólo por arte mágica se realizó la formación de las montañas y los valles; y al instante brotaron juntos los cipresales y pinares en la superficie.

Y así se llenó de alegría Gucumatz, diciendo: — ¡Buena ha sido tu venida, Corazón del Cielo; tú, Huracán, y tú, Chipi-Caculhá, Raxá-Caculhá!

— Nuestra obra, nuestra creación será terminada — contestaron.

Primero se formaron la tierra, las montañas y los valles; se dividieron las corrientes de agua, los arroyos se fueron corriendo libremente entre los cerros, y las aguas quedaron separadas cuando aparecieron las altas montañas.

Así fue la creación de la tierra, cuando fue formada por el Corazón del Cielo, el Corazón de la Tierra, que así son llamados los que primero la fecundaron, cuando el cielo estaba en suspenso y la tierra se hallaba sumergida dentro del agua.

Así fue como se perfeccionó la obra, cuando la ejecutaron después de pensar y meditar sobre su feliz terminación.

Luego hicieron a los animales pequeños del monte, los guardianes de todos los bosques, los genios de la montaña, los venados, los pájaros, leones, tigres, serpientes, culebras, cantiles [víboras], guardianes de los bejucos.

Y dijeron los Progenitores: — ¿Sólo silencio e inmovilidad habrá bajo los árboles y los bejucos? Conviene que en lo sucesivo haya quien los guarde.

Así dijeron cuando meditaron y hablaron en seguida. Al punto fueron creados los venados y las aves. En seguida les repartieron sus moradas a los venados y a las aves. — Tú, venado, dormirás en la vega de los ríos y en los barrancos. Aquí estarás entre la maleza, entre las hierbas; en el bosque os multiplicaréis, en cuatro pies andaréis y os sostendréis — . Y así como se dijo, se hizo.

Luego designaron también su morada a los pájaros pequeños y a las aves mayores: — Vosotros, pájaros, habitaréis sobre los árboles y los bejucos, allí haréis vuestros nidos, allí os multiplicaréis, allí os sacudiréis en las ramas de los árboles y de los bejucos — . Así les fue dicho a los venados y a los pájaros para que hicieran lo que debían hacer, y todos tomaron sus habitaciones y sus nidos.

De esta manera los Progenitores les dieron sus habitaciones a los animales de la tierra.

Y estando terminada la creación de todos los cuadrúpedos y las aves, les fue dicho a los cuadrúpedos y pájaros por el Creador y el Formador y los Progenitores:

— Hablad, gritad, gorjead, llamad, hablad cada uno según vuestra especie, según la variedad de cada uno — . Así les fue dicho a los venados, los pájaros, leones, tigres y serpientes.

— Decid, pues, vuestros nombres, alabadnos a nosotros, vuestra madre, vuestro padre. ¡Invocad, pues, a Huracán, Chipi-Calculhá, Raxa-Calculhá, el Corazón del Cielo, el Corazón de la Tierra, el Creador, el Formador, los Progenitores; hablad, invocadnos, adoradnos! — les dijeron.

Pero no se pudo conseguir que hablaran como los hombres; sólo chillaban, cacareaban y graznaban; no se manifestó la forma de su lenguaje, y cada uno gritaba de manera diferente.

Cuando el Creador y el Formador vieron que no era posible que hablaran, se dijeron entre sí: — No ha sido posible que ellos digan nuestro nombre, el de nosotros, sus creadores y formadores. Esto no está bien — , dijeron entre sí los Progenitores.

Entonces se les dijo: — Seréis cambiados porque no se ha conseguido que habléis. Hemos cambiado de parecer: vuestro alimento, vuestra pastura, vuestra habitación y vuestros nidos los tendréis, serán los barrancos y los bosques, porque no se ha podido lograr que nos adoréis ni nos invoquéis. Todavía hay quienes nos adoren, haremos otros [seres] que sean obedientes. Vosotros, aceptad vuestro destino: vuestras carnes serán trituradas. Así será. Ésta será vuestra suerte. Así dijeron cuando hicieron saber su voluntad a los animales pequeños y grandes que hay sobre la faz de la tierra.

Luego quisieron probar suerte nuevamente; quisieron hacer otra tentativa y quisieron probar de nuevo a que los adoraran.

Pero no pudieron entender su lenguaje entre ellos mismos, nada pudieron conseguir y nada pudieron hacer. Por esta razón fueron inmoladas sus carnes y fueron condenados a ser comidos y matados los animales que existen sobre la faz de la tierra.

Así, pues, hubo que hacer una nueva tentativa de crear y formar al hombre por el Creador, el Formador y los Progenitores.

— ¡A probar otra vez! ¡Ya se acercan el amanecer y la aurora; hagamos al que nos sustentará y alimentará! ¿Cómo haremos para ser invocados, para ser recordados sobre la tierra? Ya hemos probado con nuestras primeras obras, nuestras primeras criaturas; pero no se pudo lograr que fuésemos alabados y venerados por ellos. Así, pues, probemos a hacer unos seres obedientes, respetuosos, que nos sustenten y alimenten — . Así dijeron.

Entonces fue la creación y la formación. De tierra, de lodo hicieron la carne [del hombre]. Pero vieron que no estaba bien, porque se deshacía, estaba blando, no tenía movimiento, no tenía fuerza, se caía, estaba aguado, no movía la cabeza, la cara se le iba para un lado, tenía velada la vista, no podía ver hacia atrás. Al principio hablaba, pero no tenía entendimiento. Rápidamente se humedeció dentro del agua y no se pudo sostener.

Y dijeron el Creador y el Formador: — Bien se ve que no podía andar ni multiplicarse. Que se haga una consulta acerca de esto, dijeron.

Entonces desbarataron y deshicieron su obra y su creación. Y en seguida dijeron: — ¿Cómo haremos para perfeccionar, para que salgan bien nuestros adoradores, nuestros invocadores?

Así dijeron cuando de nuevo consultaron entre sí:

— Digámosles a Ixpiyacoc, Ixmucané, Hunahpú-Vuch, Hunahpú-Utiú: ¡Probad suerte otra vez! ¡Probad a hacer la creación! — Así dijeron entre sí el Creador y el Formador cuando hablaron a Ixpiyacoc e Ixmucané.

En seguida les hablaron a aquellos adivinos, la abuela del día, la abuela del alba, que así eran llamados por el Creador y el Formador, y cuyos nombres eran Ixpiyacoc e Ixmucané.

Y dijeron Huracán, Tepeu y Gucumatz cuando le hablaron al agorero, al formador, que son los adivinos: — Hay que reunirse y encontrar los medios para que el hombre que vamos a crear nos sostenga y alimente, nos invoque y se acuerde de nosotros.

— Entrad, pues, en consulta, abuela, abuelo, nuestra abuela, nuestro abuelo, Ixpiyacoc, Ixmucané, haced que aclare, que amanezca, que seamos invocados, que seamos adorados, que seamos recordados por el hombre creado, por el hombre formado, por el hombre mortal, haced que así se haga.

— Dad a conocer vuestra naturaleza, Hunaphú-Vuch, Hunahpú-Utiú, dos veces madre, dos veces padre, Nim-Ac, Nimá-Tziís, el Señor de la esmeralda, el joyero, el escultor, el tallador, el Señor de los hermosos platos, el Señor de la verde jícara, el maestro de la resina, el maestro Toltecat, la abuela del sol, la abuela del alba, que así seréis llamados por nuestras obras y nuestras criaturas.

— Echad la suerte con vuestros granos de maíz y de tzité. Hágase así y se sabrá y resultará si labraremos o tallaremos su boca y sus ojos en madera. Así les fue dicho a los adivinos.

A continuación vino la adivinación, la echada de la suerte con el maíz y el tzité. ¡Suerte! ¡Criatura!, les dijeron entonces una vieja y un viejo. Y este viejo era el de las suertes del tzité, el llamado Ixpiyacoc. Y la vieja era la adivina, la formadora, que se llamaba Chiracán Ixmucané.

Y comenzando la adivinación, dijeron así: — ¡Juntaos, acoplaos! Hablad, que os oigamos, decid, declarad si conviene que se junte la madera y que sea labrada por el Creador y el Formador, y si éste [el hombre de madera] es el que nos ha de sustentar y alimentar cuando aclare, cuando amanezca.

Tú, maíz; tú, Tzité; tú, suerte; tú, criatura; ¡uníos, ayuntaos! les dijeron al maíz, al tzité, a la suerte, a la criatura. ¡Ven a sacrificar aquí, Corazón del Cielo; no castiguéis a Tepeu y Gucumatz!

Entonces hablaron y dijeron la verdad: —Buenos saldrán vuestros muñecos hechos de madera; hablarán y conversarán vuestros muñecos hechos de madera, hablarán y conversarán sobre la faz de la tierra.

— ¡Así sea! — contestaron, cuando hablaron.

Y al instante fueron hechos los muñecos labrados en madera. Se parecían al hombre, hablaban como el hombre y poblaron la superficie de la tierra.

Existieron y se multiplicaron; tuvieron hijas, tuvieron hijos los muñecos de palo; pero no tenían alma, ni entendimiento, no se acordaban de su Creador, de su Formador; caminaban sin rumbo y andaban a gatas.

Ya no se acordaban del Corazón del Cielo y por eso cayeron en desgracia. Fue solamente un ensayo, un intento de hacer hombres. Hablaban al principio, pero su cara estaba enjuta; sus pies y sus manos no tenían consistencia; no tenían sangre, ni substancia, ni humedad, ni gordura; sus mejillas estaban secas, secos sus pies y sus manos, y amarillas sus carnes.

Por esta razón ya no pensaban en el Creador ni en el Formador, en los que les daban el ser y cuidaban de ellos.

Estos fueron los primeros hombres que en gran número existieron sobre la faz de la tierra.

En seguida fueron aniquilados, destruidos y deshechos los muñecos de palo, recibieron la muerte.

Una inundación fue producida por el Corazón del Cielo; un gran diluvio se formó, que cayó sobre las cabezas de los muñecos de palo.

De tzité se hizo la carne del hombre, pero cuando la mujer fue labrada por el Creador y el Formador, se hizo de espadaña la carne de la mujer. Estos materiales quisieron el Creador y el Formador que entraran en su composición.

Pero no pensaban, no hablaban con su Creador, su Formador, que los habían hecho, que los habían creado. Y por esta razón fueron muertos, fueron anegados. Una resina abundante vino del cielo. El llamado *Xecotcovach* llegó y les vació los ojos; *Camalotz* vino a cortarles la cabeza; y vino *Cotzbalam* y les devoró las carnes. El *Tucumbalam* llegó también y les quebró y magulló los huesos y los nervios, les molió y desmoronó los huesos.

Y esto fue para castigarlos porque no habían pensado en su madre, ni en su padre, el Corazón del Cielo, llamado Huracán. Y por este motivo se obscureció la faz de la tierra y comenzó una lluvia negra, una lluvia de día, una lluvia de noche.

Llegaron entonces los animales pequeños, los animales grandes, y los palos y las piedras les golpearon las caras. Y se pusieron todos a hablar; sus tinajas, sus comales, sus platos, sus ollas, sus perros, sus piedras de moler, todos se levantaron y les golpearon las caras.

— Mucho mal nos hacíais; nos comíais, y nosotros ahora os morderemos — les dijeron sus perros y sus aves de corral.

Y las piedras de moler: — Éramos atormentadas por vosotros; cada día, cada día, de noche, al amanecer, todo el tiempo hacían *holi, holi, huqui, huqui* nuestras caras, a causa de vosotros. Éste era el tributo que os pagábamos. Pero ahora que habéis dejado de ser hombres probaréis nuestras fuerzas. Moleremos y reduciremos a polvo vuestras carnes, les dijeron sus piedras de moler.

Y he aquí que sus perros hablaron y les dijeron: — ¿Por qué no nos dabais nuestra comida? Apenas estábamos mirando y ya nos arrojabais de vuestro lado y nos echabais fuera. Siempre teníais listo un palo para pegarnos mientras comíais.

Así era como nos tratabais. Nosotros no podíamos hablar. Quizás no os diéramos muerte ahora; pero ¿por qué no reflexionabais, por qué no pensabais en vosotros mismos? Ahora nosotros os destruiremos, ahora probaréis vosotros los dientes que hay en nuestra boca: os devoraremos, dijeron los perros, y luego les destrozaron las caras.

Y a su vez sus comales, sus ollas les hablaron así: — Dolor y sufrimiento nos causabais. Nuestra boca y nuestras caras estaban tiznadas, siempre estábamos puestos sobre el fuego y nos quemabais como si no sintiéramos dolor. Ahora probaréis vosotros, os quemaremos — dijeron sus ollas, y todos les destrozaron las caras. Las piedras del hogar que estaban amontonadas, se arrojaron directamente desde el fuego contra sus cabezas causándoles dolor.

Desesperados corrían de un lado para otro; querían subirse sobre las casas y las casas se caían y los arrojaban al suelo; querían subirse sobre los árboles y los árboles los lanzaban a lo lejos; querían entrar a las cavernas y las cavernas se cerraban ante ellos.

Así fue la ruina de los hombres que habían sido creados y formados, de los hombres hechos para ser destruidos y aniquilados: a todos les fueron destrozadas las bocas y las caras.

Y dicen que la descendencia de aquellos son los monos que existen ahora en los bosques; éstos son la muestra de aquellos, porque sólo de palo fue hecha su carne por el Creador y el Formador.

Y por esta razón el mono se parece al hombre, es la muestra de una generación de hombres creados, de hombres formados que eran solamente muñecos y hechos solamente de madera.

II

He aquí, pues, el principio de cuando se dispuso hacer al hombre, y cuando se buscó lo que debía entrar en la carne del hombre.

Y dijeron los Progenitores, los Creadores y Formadores, que se llaman Tepeu y Gucumatz: "Ha llegado el tiempo del amanecer, de que se termine la obra y que aparezcan los que nos han de sustentar, y nutrir, los hijos esclarecidos, los vasallos civilizados; que aparezca el hombre, la humanidad, sobre la superficie de la tierra." Así dijeron.

Se juntaron, llegaron y celebraron consejo en la obscuridad y en la noche; luego buscaron y discutieron, y aquí reflexionaron y pensaron. De esta manera salieron a luz claramente sus decisiones y encontraron y descubrieron lo que debía entrar en la carne del hombre.

Poco faltaba para que el sol, la luna y las estrellas aparecieran sobre los Creadores y Formadores.

De *Paxil*, de *Cayalá*, así llamados, vinieron las mazorcas amarillas y las mazorcas blancas.

Éstos son los nombres de los animales que trajeron la comida: *Yac* [el gato de monte], *Utiú* [el coyote],

Quel [una cotorra vulgarmente llamada chocoyo] y *Hoh* [el cuervo]. Estos cuatro animales les dieron la noticia de las mazorcas amarillas y las mazorcas blancas, les dijeron que fueran a Paxil y les enseñaron el camino de Paxil.

Y así encontraron la comida y ésta fue la que entró en la carne del hombre creado, del hombre formado; ésta fue su sangre, de ésta se hizo la sangre del hombre. Así entró el maíz [en la formación del hombre] por obra de los Progenitores.

Y de esta manera se llenaron de alegría, porque habían descubierto una hermosa tierra, llena de deleites, abundante en mazorcas amarillas y mazorcas blancas y abundante también en pataxte y cacao, y en innumerables zapotes, anonas, jocotes, nances, matasanos y miel. Abundancia de sabrosos alimentos había en aquel pueblo llamado de Paxil y Cayalá.

Había alimentos de todas clases, alimentos pequeños y grandes, plantas pequeñas y plantas grandes. Los animales enseñaron el camino. Y moliendo entonces las mazorcas amarillas y las mazorcas blancas, hizo Ixmucané nueve bebidas, y de este alimento provinieron la fuerza y la gordura y con él crearon los músculos y el vigor del hombre. Esto hicieron los Progenitores, Tepeu y Gucumatz, así llamados.

A continuación entraron en pláticas acerca de la creación y la formación de nuestra primera madre y padre. De maíz amarillo y de maíz blanco se hizo su carne; de masa de maíz se hicieron los brazos y las piernas del hombre. Únicamente masa de maíz entró en la carne de nuestros padres, los cuatro hombres que fueron creados.

Éstos son los nombres de los primeros hombres que fueron creados y formados: el primer hombre fue *Balam-*

Quitzé, el segundo *Balam-Acab,* el tercero *Mahucutah* y el cuarto *Iqui-Balam.*

Estos son los nombres de nuestras primeras madres y padres.

Se dice que ellos sólo fueron. hechos y formados, no tuvieron madre, no tuvieron padre. Solamente se les llamaba varones. No nacieron de mujer, ni fueron engendrados por el Creador y el Formador, por los progenitores. Sólo por un prodigio, por obra de encantamiento fueron creados y formados por el Creador, el Formador, los Progenitores, Tepeu y Gucumatz. Y como tenían la apariencia de hombres, hombres fueron; hablaron, conversaron, vieron y oyeron, anduvieron, agarraban las cosas; eran hombres buenos y hermosos y su figura era figura de varón.

Fueron dotados de inteligencia; vieron y al punto se extendió su vista, alcanzaron a ver, alcanzaron a conocer todo lo que hay en el mundo. Cuando miraban, al instante veían a su alrededor y contemplaban en torno a ellos la bóveda del cielo y la faz redonda de la tierra.

Las cosas ocultas [por la distancia] las veían todas, sin tener primero que moverse; en seguida veían el mundo y asimismo desde el lugar donde estaban lo veían.

Grande era su sabiduría; su vista llegaba hasta los bosques, las rocas, los lagos, los mares, las montañas y los valles. En verdad eran hombres admirables Balam-Quitzé, Balam-Acab, Mahucutah e Iqui-Balam.

Entonces les preguntaron el Creador y el Formador: — ¿Que pensáis de vuestro estado? ¿No miráis? ¿No oís? ¿No son buenos vuestro lenguaje y vuestra manera de andar? ¡Mirad, pues! ¡Contemplad el mundo, ved si aparecen las montañas y los valles! ¡Probad, pues, a ver!, les dijeron.

Y en seguida acabaron de ver cuanto había en el

mundo. Luego dieron las gracias al Creador y al Formador: — ¡En verdad os damos gracias dos y tres veces! Hemos sido creados, se nos ha dado una boca y una cara, hablamos, oímos, pensamos y andamos; sentimos perfectamente y conocemos lo que está lejos y lo que está cerca. Vemos también lo grande y lo pequeño en el cielo y en la tierra. Os damos gracias, pues, por habernos creado, ¡oh Creador y Formador!, por habernos dado el ser, ¡oh abuela nuestra! ¡Oh nuestro abuelo! — dijeron dando las gracias por su creación y formación.

Acabaron de conocerlo todo y examinaron los cuatro rincones y los cuatro puntos de la bóveda del cielo y de la faz de la tierra.

Pero el Creador y el Formador no oyeron esto con gusto. — No está bien lo que dicen nuestras criaturas, nuestras obras; todo lo saben, lo grande y lo pequeño — dijeron. Y así celebraron consejo nuevamente los Progenitores: — ¿Qué haremos ahora con ellos? ¡Que su vista sólo alcance a lo que está cerca, que sólo vean un poco de la faz de la tierra! No está bien lo que dicen. ¿Acaso no son por su naturaleza simples criaturas y hechuras [nuestras]? ¿Han de ser ellos también dioses? ¿Y si no procrean y se multiplican cuando amanezca, cuando salga el sol? ¿Y si no se propagan? — Así dijeron.

— Refrenemos un poco sus deseos, pues no está bien lo que vemos. ¿Por ventura se han de igualar ellos a nosotros, sus autores, que podemos abarcar grandes distancias, que lo sabemos y vemos todo?

Esto dijeron el Corazón del Cielo, Huracán, Chipi-Caculhá, Raxá-Caculhá, Tepeu, Gucumatz, los Progenitores, Ixpiyacoc, Ixmucané, el Creador y el Formador. Así hablaron y en seguida cambiaron la naturaleza de sus obras, de sus criaturas.

Entonces el Corazón del Cielo les echó un vaho sobre los ojos, los cuales se empañaron como cuando se sopla sobre la luna de un espejo. Sus ojos se velaron y sólo pudieron ver lo que estaba cerca, sólo esto era claro para ellos.

Así fue destruida su sabiduría y todos los conocimientos de los cuatro hombres, origen y principio [de la raza quiché].

Así fueron creados y formados nuestros abuelos, nuestros padres, por el Corazón del Cielo, el Corazón de la Tierra.

2. LA LEYENDA DE LOS GEMELOS [5]

Había entonces muy poca claridad sobre la faz de la tierra. Aún no había sol. Sin embargo, había un ser orgulloso de sí mismo que se llamaba Vucub-Caquix.

Existían ya el cielo y la tierra, pero estaba encubierta la faz del sol y de la luna.

Y decía [Vucub-Caquix]: —Verdaderamente, son una muestra clara de aquellos hombres que se ahogaron y su naturaleza es como la de seres sobrenaturales.

—Yo seré grande ahora sobre todos los seres creados y formados. Yo soy el sol, soy la claridad, la luna — exclamó—. Grande es mi esplendor. Por mí caminarán y vencerán los hombres. Porque de plata son mis ojos, resplandecientes como piedras preciosas, como esmeraldas; mis dientes brillan como piedras finas, semejantes a la faz del cielo. Mi nariz brilla de lejos como la luna, mi trono es de plata y la faz de la tierra se ilumina cuando salgo frente a mi trono.

Así, pues, yo soy el sol, yo soy la luna, para el linaje humano. Así será porque mi vista alcanza muy lejos.

De esta manera hablaba Vucub-Caquix. Pero en realidad, Vucub-Caquix no era el sol; solamente se vanagloriaba de sus plumas y riquezas. Pero su vista alcanzaba solamente el horizonte y no se extendía sobre todo el mundo.

Aún no se le veía la cara al sol, ni a la luna, ni a las estrellas, y aún no había amanecido. Por esta razón Vucub-Caquix se envanecía como si él fuera el sol y la luna, porque aún no se había manifestado ni se ostentaba la claridad del sol y de la luna. Su única ambición era engrandecerse y dominar. Y fue entonces cuando ocurrió el diluvio a causa de los muñecos de palo.

Ahora contaremos cómo murió Vucub-Caquix y fue

[5] Ver la nota anterior.

vencido, y cómo fue hecho el hombre por el Creador y Formador.

Éste es el principio de la derrota y de la ruina de la gloria de Vucub-Caquix por los dos muchachos, el primero de los cuales se llamaba *Hunahpú* y el segundo *Ixbalanqué*. Éstos eran dioses verdaderamente. Como veían el mal que hacía el soberbio, y que quería hacerlo en presencia del Corazón del Cielo, se dijeron los muchachos:

—No está bien que esto sea así, cuando el hombre no vive todavía aquí sobre la tierra. Así, pues, probaremos a tirarle con la cerbatana cuando esté comiendo; le tiraremos y le causaremos una enfermedad, y entonces se acabarán sus riquezas, sus piedras verdes, sus metales preciosos, sus esmeraldas, sus alhajas de que se enorgullece. Y así lo harán todos los hombres, porque no deben envanecerse por el poder ni la riqueza.

—Así será —dijeron los muchachos, echándose cada uno su cerbatana al hombro.

Ahora bien, este Vucub-Caquix tenía dos hijos: el primero se llamaba *Zipacná*, el segundo era *Cabracán*; y la madre de los dos se llamaba *Chimalmat*, la mujer de Vucub-Caquix.

Zipacná jugaba a la pelota con los grandes montes: el *Chigag, Hunahpú, Pecul, Yaxcanul, Macamob* y *Huliznab*. Estos son los nombres de los montes que existían cuando amaneció y que fueron creados en una sola noche por Zipacná.

Cabracán movía los montes y por él temblaban las montañas grandes y pequeñas.

De esta manera proclamaban su orgullo los hijos de Vucub-Caquix: —¡Oíd! ¡Yo soy el sol! —decía Vucub-Caquix—. ¡Yo soy el que hizo la tierra! —decía Zipacná—. ¡Yo soy el que sacudo el cielo y conmuevo toda la tierra! — decía Cabracán. Así era como los hijos de Vucub-Caquix le disputaban a su padre la grandeza. Y esto les parecía muy mal a los muchachos.

Aún no había sido creada nuestra primera madre, ni nuestro primer padre.

Por tanto, fue resuelta su muerte [de Vucub-Caquix y de sus hijos] y su destrucción, por los dos jóvenes.

Contaremos ahora el tiro de cerbatana que dispararon los dos muchachos contra Vucub-Caquix, y la destrucción de cada uno de los que se habían ensoberbecido.

Vucub-Caquix tenía un gran árbol de nance, cuya fruta era la comida de Vucub-Caquix. Éste venía cada día junto al nance y se subía a la cima del árbol. Hunahpú e Ixbalanqué habían visto que ésa era su comida. Y habiéndose puesto en acecho de Vucub-Caquix al pie del árbol, escondidos entre las hojas, llegó Vucub-Caquix directamente a su comida de nances.

En este momento fue herido por un tiro de cerbatana de Hun-Hunahpú, que le dio precisamente en la quijada, y dando gritos se vino derecho a tierra desde lo alto del árbol.

Hun-Hunahpú corrió apresuradamente para apoderarse de él, pero Vucub-Caquix le arrancó el brazo a Hun-Hunahpú y tirando de él lo dobló desde la punta hasta el hombro. Así le arrancó [el brazo] Vucub-Caquix a Hun-Hunahpú. Ciertamente hicieron bien los muchachos no dejándose vencer primero por Vucub-Caquix.

Llevando el brazo de Hun-Hunahpú se fue Vucub-Caquix para su casa, a donde llegó sosteniéndose la quijada.

— ¿Qué os ha sucedido, Señor? — dijo Chimalmat, la mujer de Vucub-Caquix.

— ¿Qué ha de ser, sino aquellos dos demonios que me tiraron con cerbatana y me desquiciaron la quijada? A causa de ello se me menean los dientes y me duelen mucho. Pero yo he traído [su brazo] para ponerlo sobre el fuego. Allí que se quede colgado y suspendido sobre el fuego, porque de seguro vendrán a buscarlo esos demonios. Así habló Vucub-Caquix mientras colgaba el brazo de Hun-Hunahpú.

Habiendo meditado Hun-Hunahpú e Ixbalanqué, se fueron a hablar con un viejo que tenía los cabellos completamente blancos y con una vieja, de verdad muy vieja y humilde, ambos doblados ya como gentes muy ancianas. Llamábase el viejo Zaqui-Nim-Ac y la vieja Zaqui-Nimá-Tziís. Los muchachos les dijeron a la vieja y al viejo:

— Acompañadnos para ir a traer nuestro brazo a casa de Vucub-Caquix. Nosotros iremos detrás. "Estos que nos acompañan son nuestros nietos; su madre y su padre ya son muertos; por esta razón ellos van a todas partes tras de nosotros, a donde nos dan limosna, pues lo único que nosotros sabemos hacer es sacar el gusano de las muelas." Así les diréis.

De esta manera, Vucub-Caquix nos verá como a muchachos y nosotros también estaremos allí para aconsejaros — dijeron los dos jóvenes.

— Está bien — contestaron los viejos.

A continuación se pusieron en camino para el lugar donde se encontraba Vucub-Caquix recostado en su trono. Caminaban la vieja y el viejo seguidos de los dos muchachos, que iban jugando tras ellos. Así llegaron al pie de la casa del Señor, quien estaba gritando a causa de las muelas.

Al ver Vucub-Caquix al viejo y a la vieja y a los que los acompañaban, les preguntó el Señor:

— ¿De dónde venís, abuelos?

— Andamos buscando de qué alimentarnos, respetable Señor — contestaron aquéllos.

— ¿Y cuál es vuestra comida? ¿No son vuestros hijos estos que os acompañan?

— ¡Oh, no, Señor! Son nuestros nietos; pero les tenemos lástima, y lo que a nosotros nos dan lo compartimos con ellos, Señor — contestaron la vieja y el viejo.

Mientras tanto, se moría el Señor del dolor de muelas y sólo con gran dificultad podía hablar.

— Yo os ruego encarecidamente que tengáis lástima de mí. ¿Qué podéis hacer? ¿Qué es lo que sabéis curar? — les preguntó el Señor. Y los viejos contestaron:

— ¡Oh, Señor, nosotros sólo sacamos el gusano de las muelas, curamos los ojos y ponemos los huesos en su lugar.

— Está muy bien. Curadme los dientes, que verdaderamente me hacen sufrir día y noche, y a causa de ellos y de mis ojos no tengo sosiego y no puedo dormir. Todo esto se debe a que dos demonios me tiraron un bodocazo, y por eso no puedo comer. Así, pues, tened piedad de mí, apretadme los dientes con vuestras manos.

— Muy bien, Señor. Un gusano es el que os hace sufrir. Bastará con sacar esos dientes y poneros otros en su lugar.

— No está bien que me saquéis los dientes, porque sólo así soy Señor y todo mi ornamento son mis dientes y mis ojos.

— Nosotros os pondremos otros en su lugar, hechos de hueso molido.

Pero el hueso molido no eran más que granos de maíz blanco.

— Está bien, sacadlos, venid a socorrerme — replicó.

Sacáronle entonces los dientes a Vucub-Caquix; y en su lugar le pusieron solamente granos de maíz blanco, y estos granos de maíz le brillaron en la boca. Al instante decayeron sus facciones y ya no parecía Señor. Luego acabaron de sacarle los dientes que le brillaban en la boca como perlas. Y por último le curaron los ojos a Vucub-Caquix reventándole las niñas de los ojos y acabaron por quitarle todas sus riquezas.

Pero nada sentía ya. Sólo se quedó mirando mientras por consejo de Hunahpú e Ixbalanqué acababan de despojarlo de las cosas de que se enorgullecía.

Así murió Vucub-Caquix. Luego recuperó su brazo Hunahpú. Y murió también Chimalmat, la mujer de Vucub-Caquix.

Así se perdieron las riquezas de Vucub-Caquix. El médico se apoderó de todas las esmeraldas y piedras preciosas que habían sido su orgullo aquí en la tierra.

La vieja y el viejo que estas cosas hicieron eran seres maravillosos. Y habiendo recuperado el brazo, volvieron a ponerlo en su lugar y quedó bien otra vez.

Solamente para lograr la muerte de Vucub-Caquix quisieron obrar de esta manera, porque les pareció mal que se enorgulleciera.

Y en seguida se marcharon los dos muchachos, habiendo ejecutado así la orden del Corazón del Cielo.

He aquí ahora los hechos de Zipacná, el primer hijo de Vucub-Caquix.

— Yo soy el creador de las montañas, decía Zipacná.

Este Zipacná se estaba bañando a la orilla de un río cuando pasaron cuatrocientos muchachos, que llevaban arrastrando un árbol para sostén de su casa. Los cuatrocientos caminaban después de haber cortado un gran árbol para viga madre de su casa.

Llegó entonces Zipacná y dirigiéndose hacia donde estaban los cuatrocientos muchachos les dijo:

— ¿Qué estáis haciendo, muchachos?

— Sólo es este palo, respondieron, que no lo podemos levantar y llevar en hombros.

— Yo lo llevaré. ¿A dónde ha de ir? ¿Para qué lo queréis?

— Para viga madre de nuestra casa.

— Está bien — contestó, y levantándolo se lo echó al hombro y lo llevó hacia la entrada de la casa de los cuatrocientos muchachos.

— Ahora quédate con nosotros, muchacho — le dijeron. ¿Tienes madre o padre?

— No tengo — contestó.

— Entonces te ocuparemos mañana para preparar otro palo para sostén de nuestra casa.

— Bueno — contestó.

Los cuatrocientos muchachos conferenciaron en seguida y dijeron:

— ¿Cómo haremos con este muchacho para matarlo? Porque no está bien lo que ha hecho levantando él solo el palo. Hagamos un gran hoyo y echémoslo para hacerlo caer en él. "Baja a sacar y traer tierra del hoyo", le diremos, y cuando se haya agachado para bajar a la excavación le dejaremos caer el palo grande y allí en el hoyo morirá.

Así dijeron los cuatrocientos muchachos y luego abrieron un gran hoyo muy profundo. En seguida llamaron a Zipacná.

— Nosotros te queremos bien. Anda, ven a cavar la tierra porque nosotros ya no alcanzamos — le dijeron.

— Está bien — contestó. En seguida bajó al hoyo. Y llamándolo mientras estaba cavando la tierra, le dijeron:

— ¿Has bajado ya muy hondo?

— Sí — contestó, mientras comenzaba a abrir el hoyo, pero el hoyo que estaba haciendo era para librarse del peligro. Él sabía que lo querían matar; por eso, al abrir el hoyo, hizo hacia un lado, una segunda excavación para librarse.

— ¿Hasta dónde vas? — gritaron hacia abajo los cuatrocientos muchachos.

— Todavía estoy cavando; yo os llamaré allí arriba cuando esté terminada la excavación — dijo Zipacná desde el fondo del hoyo. Pero no estaba cavando su sepultura, sino que estaba abriendo otro hoyo para salvarse.

Por último los llamó Zipacná; pero cuando llamó ya se había puesto en salvo dentro del hoyo.

— Venid a sacar y llevaros la tierra que he arrancado y está en el asiento del hoyo — dijo —, porque en verdad lo he ahondado mucho. ¿No oís mi llamada? Y sin embargo, vuestros gritos, vuestras palabras, se repiten como un eco una y dos veces, y así oigo bien dónde estáis. Esto decía Zipacná desde el hoyo donde estaba escondido, gritando desde el fondo.

Entonces los muchachos arrojaron violentamente su gran palo, que cayó en seguida con estruendo al fondo del hoyo.

— ¡Que nadie hable! Esperemos hasta oír sus gritos cuando muera — se dijeron entre sí, hablando en secreto y cubriéndose cada uno la cara, mientras caía el palo con estrépito. [Zipacná] habló entonces lanzando un grito, pero llamó una sola vez cuando cayó el palo en el fondo.

— ¡Que bien nos ha salido lo que le hicimos! Ya murió — dijeron los jóvenes —. Si desgraciadamente hubiera continuado lo que había comenzado a hacer, estaríamos perdidos porque ya se había metido entre nosotros, los cuatrocientos muchachos.

Y llenos de alegría dijeron: — Ahora vamos a fabricar nuestra chicha durante estos tres días. Pasados estos tres días beberemos por la construcción de nuestra casa, nosotros los cuatrocientos muchachos —. Luego añadieron: — Mañana veremos y pasado mañana veremos también si no vienen las hormigas entre la tierra cuando hieda y se pudra. En seguida se tranquilizará nuestro corazón y beberemos nuestra chicha — dijeron.

Zipacná escuchaba desde el hoyo todo lo que hablaban los muchachos. Y luego, al segundo día, llegaron las hormigas en montón, yendo y viniendo y juntándose debajo del palo. Unas traían en la boca los cabellos y otras las uñas de Zipacná.

Cuando vieron esto los muchachos, dijeron: — ¡Ya pereció aquel demonio! Mirad cómo se han juntado las hormigas, cómo han llegado por montones, trayendo unas los cabellos y otras las uñas. ¡Mirad lo que hemos hecho! — Así hablaron entre sí.

Sin embargo, Zipacná estaba bien vivo. Se había cortado los cabellos de la cabeza y se había roído las uñas con los dientes para dárselas a las hormigas.

Y así los cuatrocientos muchachos creyeron que había muerto, y al tercer día dieron principio a la orgía y se emborracharon todos los muchachos. Y estando ebrios los cuatrocientos muchachos, ya no sentían nada. En seguida Zipacná dejó caer la casa sobre sus cabezas y acabó de matarlos a todos.

Ni siquiera uno, ni dos se salvaron de entre los cuatrocientos muchachos; muertos fueron por Zipacná, el hijo de Vucub-Caquix.

Así fue la fuerte de los cuatrocientos muchachos, y se cuenta que entraron en el grupo de estrellas que por ellos se llama *Motz*, aunque esto tal vez será mentira.

Contaremos ahora la derrota de Zipacná por los dos muchachos Hunahpú e Ixbalanqué.

El corazón de los dos jóvenes estaba lleno de rencor porque los cuatrocientos muchachos habían sido muertos por Zipacná. Y éste sólo buscaba pescados y cangrejos a la orilla de los ríos que ésta era su comida de cada día. Durante el día se paseaba buscando su comida y de noche se echaba los cerros a cuestas.

En seguida Hunahpú e Ixbalanqué hicieron una figura a imitación de un cangrejo muy grande, y le dieron la apariencia de tal con una hoja de *pie de gallo*, del que se encuentra en los bosques.

Así hicieron la parte inferior del cangrejo; de *pahac* le hicieron las patas y le pusieron una concha de piedra que le cubrió la espalda al cangrejo. Luego pusieron esta [especie de] tortuga, al pie de un gran cerro llamado *Meauán*, donde lo iban a vencer [a Zipacná].

A continuación se fueron los muchachos a hacerle encuentro a Zipacná a la orilla de un río.

— ¿A dónde vas, muchacho? — le preguntaron a Zipacná.

— No voy a ninguna parte, sólo ando buscando mi comida, muchachos — contestó Zipacná.

— ¿Y cuál es tu comida?

— Pescado y cangrejos, pero aquí no los hay y no he hallado ninguno; desde antier no he comido y ya no aguanto el hambre — dijo Zipacná a Hunahpú e Ixbalanqué.

— Allá en el fondo del barranco está un cangrejo, verdaderamente un gran cangrejo y ¡bien que te lo comieras! Sólo que nos mordió cuando lo quisimos coger y por eso le tenemos miedo. Por nada iríamos a cogerlo — dijeron Hunahpú e Ixbalanqué.

— ¡Tened lástima de mí! Venid y enseñádmelo, muchachos — dijo Zipacná.

— No queremos. Anda tú solo, que no te perderás. Sigue por la vega del río y llegarás al pie de un gran cerro, allí está haciendo ruido en el fondo del barranco. Sólo tienes que llegar allá — le dijeron Hunahpú e Ixbalanqué.

— ¡Ay, desgraciado de mí! ¿No lo podéis encontrar

vosotros, pues, muchachos? Venid a enseñármelo. Hay muchos pájaros que podéis tirar con la cerbatana, y yo se dónde se encuentra — dijo Zipacná.

Su humildad convenció a los muchachos. Y éstos le dijeron: — Pero ¿de veras lo podrás coger? Porque sólo por causa tuya volveremos; nosotros ya no lo intentaremos porque nos mordió cuando íbamos entrando boca abajo. Luego tuvimos miedo al entrar arrastrándonos, pero en poco estuvo que no lo cogiéramos. Así, pues, es bueno que tú entres arrastrándote — le dijeron.

— Está bien — dijo Zipacná, y entonces se fue en su compañía. Llegaron al fondo del barranco, y allí, tendido sobre el costado, estaba el cangrejo mostrando su concha colorada. Y allí también, en el fondo del barranco, estaba el engaño de los muchachos.

— ¡Qué bueno! — dijo entonces Zipacná con alegría — . ¡Quisiera tenerlo ya en la boca! — Y era que verdaderamente se estaba muriendo de hambre. Quiso probar a ponerse de bruces, quiso entrar, pero el cangrejo iba subiendo. Salióse en seguida y los muchachos le preguntaron:

— ¿No lo cogiste?

— No — contestó — , porque se fue para arriba y poco me faltó para cogerlo. Pero tal vez sería bueno que yo entrara para arriba — agregó. Y luego entró de nuevo hacia arriba, pero cuando ya casi había acabado de entrar y sólo mostraba la punta de los pies, se derrumbó el gran cerro y le cayó lentamente sobre el pecho.

Nunca más volvió Zipacná y fue convertido en piedra.

Así fue vencido Zipacná por los muchachos Hunahpú e Ixbalanqué; aquel que, según la antigua tradición, hacía las montañas, el hijo primogénito de Vucub-Caquix.

Al pie del cerro llamado Meauán fue vencido. Sólo

por un prodigio fue vencido el segundo de los soberbios. Quedaba otro, cuya historia contaremos ahora.

El tercero de los soberbios era el segundo hijo de Vucub-Caquix, que se llamaba Cabracán.

— ¡Yo derribo las montañas! — decía.

Pero Hunahpú e Ixbalanqué vencieron también a Cabracán. Huracán, Chipi-Caculhá y Raxa-Caculhá hablaron y dijeron a Hunahpú e Ixbalanqué:

— Que el segundo hijo de Vucub-Caquix sea también vencido. Ésta es nuestra voluntad. Porque no está bien lo que hace sobre la tierra, exaltando su gloria, su grandeza y su poder, y no debe ser así. Llevadle con halagos allá donde nace el sol — les dijo Huracán a los dos jóvenes.

— Muy bien, respetable Señor — contestaron éstos — , porque no es justo lo que vemos. ¿Acaso no existes tú, tú que eres la paz, tú, Corazón del Cielo? — dijeron los muchachos mientras escuchaban la orden de Huracán.

Entre tanto, Cabracán se ocupaba en sacudir las montañas. Al más pequeño golpe de sus pies sobre la tierra, se abrían las montañas grandes y pequeñas. Así lo encontraron los muchachos, quienes preguntaron a Cabracán:

— ¿A dónde vas, muchacho?

— A ninguna parte — contestó — . Aquí estoy moviendo las montañas y las estaré derribando para siempre — dijo en respuesta.

A continuación les preguntó Cabracán a Hunahpú e Ixbalanqué:

— ¿Qué venís a hacer aquí? No conozco vuestras caras. ¿Cómo os llamáis? — dijo Cabracán.

— No tenemos nombre — contestaron aquéllos — . No somos más que tiradores con cerbatana y cazadores con liga en los montes. Somos pobres y no tenemos nada que nos pertenezca, muchacho. Solamente caminamos por los montes pequeños y grandes, muchacho. Y precisamente hemos visto una gran montaña, allá donde se enrojece el cielo. Verdaderamente se levanta muy alto y domina la cima de todos los cerros. Así es que no hemos podido coger ni uno ni dos pájaros en ella, muchacho. Pero ¿es verdad que tú puedes derribar todas las montañas, muchacho? — le dijeron Hunahpú e Ixbalanqué a Cabracán.

— ¿De veras habéis visto esa montaña que decís? ¿En dónde está? En cuanto yo la vea la echaré abajo. ¿Dónde la visteis?

— Por allá está, donde nace el sol — dijeron Hunahpú e Ixbalanqué.

— Está bien, enseñadme el camino — les dijo a los dos jóvenes.

— ¡Oh, no! — contestaron éstos —. Tenemos que llevarte en medio de nosotros: uno irá a tu mano izquierda y otro a tu mano derecha, porque tenemos nuestras cerbatanas, y si hubiere pájaros les tiraremos —. Y así iban alegres, probando sus cerbatanas, pero cuando tiraban con ellas, no usaban el bodoque de barro en el tubo de sus cerbatanas, sino que sólo con el soplo derribaban a los pájaros cuando les tiraban, de lo cual se admiraba grandemente Cabracán.

En seguida hicieron un fuego los muchachos y pusieron a asar los pájaros en el fuego, pero untaron uno de los pájaros con tizate, lo cubrieron de una tierra blanca.

— Esto le daremos — dijeron —, para que se le abra el apetito con el olor que despide. Éste nuestro pájaro será su perdición. Así como la tierra cubre este pájaro por obra nuestra, así daremos con él en tierra y en tierra lo sepultaremos.

— Grande será la sabiduría de un ser creado, de un

ser formado, cuando amanezca, cuando aclare — dijeron los muchachos.

— Como el deseo de comer un bocado es natural en el hombre, el corazón de Cabracán está ansioso — decían entre sí Hunahpú e Ixbalanqué.

Mientras estaban asando los pájaros, éstos se iban dorando al cocerse, y la grasa y el jugo que de ellos se escapaban, despedían el olor más apetitoso. Cabracán sentía grandes ganas de comérselos; se le hacía agua la boca, bostezaba y la baba y la saliva le corrían a causa del olor excitante de los pájaros.

Luego les preguntó: — ¿Qué es esa vuestra comida? Verdaderamente es agradable el olor que siento. Dadme un pedacito — les dijo.

Diéronle entonces un pájaro a Cabracán, el pájaro que sería su ruina. Y en cuanto acabó de comerlo se pusieron en camino y llegaron al oriente, adonde estaba la gran montaña. Pero ya entonces se le habían aflojado las piernas y las manos a Cabracán, ya no tenía fuerzas a causa de la tierra con que habían untado el pájaro que se comió, y ya no pudo hacerles nada a las montañas, ni le fue posible derribarlas.

En seguida lo amarraron los muchachos. Atáronle los brazos detrás de la espalda y le ataron también el cuello y los pies juntos. Luego lo botaron al suelo, y allí mismo lo enterraron.

De esta manera fue vencido Cabracán tan sólo por obra de Hunahpú e Ixbalanqué. No sería posible enumerar todas las cosas que éstos hicieron aquí en la tierra.

Aquí escribiré unas cuantas historias de nuestros primeros padres y antecesores, los que engendraron a los hombres en la época antigua, antes que estos montes y valles se poblaran, cuando no había más que liebres y pájaros, según contaban; cuando nuestros padres y abuelos fueron a poblar los montes y valles ¡oh hijos míos! en Tulán.

Escribiré las historias de nuestros primeros padres y abuelos que se llamaban Gagavitz el uno y Zactecauh el otro, las historias que ellos nos contaban: que del otro lado del mar llegaron al lugar llamado Tulán, donde fuimos engendrados y dados a luz por nuestras madres y nuestros padres ¡oh hijos nuestros!

Así contaban antiguamente los padres y abuelos que se llamaban Gagavitz y Zactecauh, los que llegaron a Tulán, los dos varones que nos engendraron a nosotros los Xahilá.

He aquí los nombres de las casas y parcialidades de los Gekaquch, Baqaholá y Zibakihay:

Katún y Chutiah, así llamados, engendraron a los de Baqaholá.

Tzanat y Guguchom, así llamados, engendraron a los Gekaquchi.

Daqui Ahauh y Chahom Ahauh engendraron a los Zibakihayi.

Así, pues, éramos cuatro familias las que llegamos a Tulán, nosotros la gente cakchiquel ¡oh hijos nuestros!, dijeron.

Allí comenzaron los Caveki, que engendraron a los llamados Totomay y Xurcah.

---

[6] Versión castellana de Adrián Recinos (ver Bibliografía, *Memorial de Sololá. Anales de los Cakchiqueles,* 1950).

Allí comenzaron también los Ahquehay que engendraron a Loch y Xet.

Comenzaron igualmente los Ah Pak y Telom, que engendraron a los llamados Qoxahil y Qobakil.

De la misma manera dieron principio también allí los Ikomagi.

Y esas cuatro ramas que allá comenzaron eran las tribus.

He aquí las historias de Gagavitz y Zactecauh; éste es el principio de las historias que contaban Gagavitz y Zactecauh:

De cuatro [lugares] llegaron las gentes a Tulán. En oriente está una Tulán; otra en Xibalbay; otra en el poniente, de allí llegamos nosotros, del poniente; y otra donde está Dios. Por consiguiente había cuatro Tulanes ¡oh hijos nuestros! Así dijeron. "Del poniente llegamos a Tulán, desde el otro lado del mar; y fue a Tulán a donde llegamos para ser engendrados y dados a luz por nuestras madres y nuestros padres." Así contaban.

Entonces fue creada la Piedra de Obsidiana por el hermoso Xibalbay, por el precioso Xibalbay. Entonces fue hecho el hombre por el Creador y el Formador, y rindió culto a la Piedra de Obsidiana.

Cuando hicieron al hombre, de tierra lo fabricaron, y lo alimentaron de árboles, lo alimentaron de hojas. Únicamente tierra quisieron que entrara en su formación. Pero no hablaba, no andaba, no tenía sangre ni carne, según contaban nuestros antiguos padres y abuelos ¡oh hijos míos! No se sabía qué debía entrar [en el hombre]. Por fin se encontró de qué hacerlo. Sólo dos animales sabían que existía el alimento en Paxil, nombre del lugar donde se hallaban aquellos animales que se llamaban el Coyote y el Cuervo. El animal Coyote fue muerto y entre sus despojos, al ser descuartizado, se encontró el maíz. Y yendo el animal llamado Tiuh-tiuh a buscar para sí la masa del maíz, fue traída de entre el mar por el Tiuh-tiuh la sangre de la danta y de la culebra y con ellas se amasó el maíz. De esta masa se hizo la carne del hombre por el Creador y el Formador. Así supieron el Creador, el Formador, los Progenitores, cómo hacer al hombre formado, según dijeron. Habiendo terminado de hacer al hombre formado resultaron trece varones y catorce mujeres; había [una mujer] de más.

En seguida hablaron, anduvieron, tenían sangre, tenían carne. Se casaron y se multiplicaron. A uno le tocaron dos mujeres. Así se unieron las gentes, según contaban los antiguos ¡oh hijos nuestros! Tuvieron hijas, tuvieron hijos aquellos primeros hombres. Así fue la creación del hombre, así fue la hechura de la Piedra de Obsidiana.

"Y poniéndonos en pie, llegamos a las puertas de Tulán. Sólo un murciélago guardaba las puertas de Tulán. Y allí fuimos engendrados y dados a luz; allí pagamos el tributo en la obscuridad y en la noche ¡oh hijos nuestros!", decían Gagavitz y Zactecauh. Y no olvidéis el relato de nuestros mayores, nuestros antepasados. Éstas fueron las palabras que nos legaron.

Entonces se nos mandó venir por nuestras madres y nuestros padres a las trece parcialidades de las siete tribus, a los trece grupos de guerreros. Luego llegamos a Tulán en la obscuridad y en la noche. Entonces dimos el tributo, cuando llevaron el tributo las siete tribus y los guerreros. Nosotros nos colocamos en orden en la parte izquierda de Tulán, allí estuvieron las siete tribus. En la parte de la derecha de Tulán se colocaron en orden los guerreros. Primero pagaron el tributo las siete tribus y enseguida pagaron el tributo los guerreros. Pero éste se componía únicamente de piedras preciosas [jade], metal, guirnaldas cosidas con plumas verdes y azules y pinturas y esculturas. Ofrendaban flautas, canciones, calendarios rituales, calendarios astronómicos, pataxte y cacao. Sólo estas riquezas fueron a tributar los guerreros a Tulán durante la noche. Sólo flechas y escudos, sólo escudos de madera eran las riquezas que fueron a dar en tributo cuando llegaron a Tulán.

Luego se les dijo y mandó a nuestras madres: "Id, hijos míos, hijas mías, éstas serán vuestras obligaciones, los trabajos que os encomendamos." Así les habló la Piedra de Obsidiana. "Id a donde veréis vuestras montañas y vuestros valles; allá al otro lado del mar están vuestras montañas y vuestros valles ¡oh hijos míos! Allá se os alegrarán los rostros. Éstos son los regalos que os daré, vuestras riquezas y vuestro Señorío." Así les dijeron a las trece parcialidades de las siete tribus, a las trece divisiones de guerreros. Luego les dieron los ídolos engañadores de madera y de piedra. Iban bajando hacia Tulán y Xibalbay cuando les fueron entregados los ídolos de madera y de piedra, según contaban nuestros primeros padres y antecesores, Gagavitz y Zactecauh. Éstos fueron sus regalos y éstas fueron también sus palabras.

Las siete tribus fueron las primeras que llegaron a Tulán, según decían. En pos de ellas llegamos nosotros los guerreros llevando nuestros tributos; todas las siete tribus y los guerreros entramos cuando se abrieron las puertas de Tulán.

Los zutujiles fueron la primera de las siete tribus que llegaron a Tulán. Y cuando acabaron de llegar las siete tribus llegamos nosotros los guerreros. Así decían. Y mandándonos llegar nos dijeron nuestras madres y nuestros padres: "Id, hijas mías, hijos míos. Os daré vuestras riquezas, vuestro señorío; os daré vuestro poder y vuestra majestad, vuestro dosel y vuestro trono."

Así se os tributarán las rodelas, riquezas, arcos, escudos, plumas y tierra blanca. Y si se os tributan piedras preciosas [jade], metal, plumas verdes y azules; si se os ofrendan pinturas, esculturas, calendarios rituales, calendarios siderales, flautas, cantos, cantos por vosotros despreciados, vuestros serán también, os los tributarán las tribus y allá los recibiréis. Seréis más favorecidos y se os alegrarán los rostros. No os daré su señorío, pero ellas serán vuestros tributarios. En verdad, grande será vuestra gloria. No os menospreciarán. Os engrandeceréis con la riqueza de los escudos de madera. No os durmáis y venceréis ¡hijas mías! ¡hijos míos! Yo os daré vuestro señorío, a vosotros los trece jefes, a todos por igual: vuestros arcos, vuestros escudos, vuestro señorío, vuestra majestad, vuestra grandeza, vuestro dosel y vuestro trono. Éstos son vuestros primeros tesoros."

Así les hablaron a los quichés cuando llegaron los trece grupos de guerreros a Tulán. Los primeros que llegaron fueron los quichés. Entonces se fijó el mes de Tacaxepual para el pago del tributo de los quichés; después llegaron sus compañeros, uno en pos de otro, las casas, las familias, las parcialidades, cada grupo de guerreros, cuando llegaron a Tulán, cuando acabaron de llegar todos ellos.

Llegaron los de Rabinal, los Zotziles, los Tukuchées, los Tuhalahay, los Vuchabahay, los Ah Chumilahay; llegaron también los Lamaquis, los Cumatz y los Akahales. Con los de Tucurú acabaron de llegar todos.

Después llegaron los trece [grupos de] guerreros, nosotros los Bacah Pok, nosotros los Bacah Xahil. Primero llegaron unos y tras ellos los demás de nosotros los Bacah. Los Bacah Pok llegaron primero y en pos de ellos llegamos nosotros los Bacah Xahil. Así contaban nuestros padres y antecesores ¡oh hijos nuestros!

Hacía tiempo que habían llegado las siete tribus, y poco después comenzaron a llegar los guerreros. Luego llegamos nosotros los cakchiqueles. En verdad, fuimos los últimos en llegar a Tulán. Y no quedaron otros después que nosotros llegamos, según contaban Gagavitz y Zactecauh.

De esta manera nos aconsejaron: "Éstas son vuestras familias, vuestras parcialidades", les dijeron a Gekaquch, Baqahol y Zibakihay. Éstos serán vuestros jefes, uno es el Ahpop, el otro el Ahpop Qamahay. Así les dijeron a los Gekaquch, Baqahol y Zibakihay. "Procread hijas, engendrad hijos, casaos entre vosotros los señores", les dijeron. Por lo tanto, ellos fueron madres y abuelas. Los primeros que llegaron fueron los Zibakihay; después llegaron los Baqahol y luego los Gekaquch. Éstas fueron las primeras familias que llegaron.

Más tarde, cuando llegamos nosotros los jefes, se nos mandó de esta manera por nuestras madres y nuestros padres: "Id, hija mía, hijo mío, tu familia, tu parcialidad se ha marchado. Ya no debes quedarte atrás, tú el hijo más pequeño. En verdad, grande será tu suerte." Búscalos, pues, le dijeron el ídolo de madera y de piedra llamado Belehé Toh y el otro ídolo de piedra llamado Hun Tihax. "Rendid culto a cada uno", se nos dijo. Así contaban.

En seguida se revistieron de sus arcos, escudos, cotas de algodón y plumas, y se pintaron con yeso. Y vinieron las avispas, los abejorros, el lodo, la obscuridad, la lluvia, las nubes, la neblina. Entonces se nos dijo: "En verdad, grandes serán vuestros tributos. No os durmáis y venceréis, no seréis despreciados, hijos míos. Os engrandeceréis, seréis poderosos. Así poseeréis y serán vuestros los escudos, las riquezas, las flechas y las rodelas. Si se os tributan piedras preciosas [jade], metal, plumas verdes y azules, canciones por vosotros despreciadas, vuestras serán también; seréis más favorecidos y se os alegrarán los rostros. Las piedras de jade, el metal, las plumas verdes y azules, las pinturas y esculturas, todo lo que han tributado las siete tribus os alegrará los rostros en vuestra patria; todos seréis favorecidos y se os alegrarán los ojos con vuestras flechas y vuestros escudos. Tendréis un jefe principal y otro más joven. A vosotros los trece guerreros, a vosotros los trece señores, a vosotros los jefes de igual rango, os daré vuestros arcos y vuestros escudos. Pronto se van a alegrar vuestros rostros con las cosas que recibiréis en tributo, vuestros arcos y vuestros escudos. Hay guerra allá en el oriente, en el llamado Zuyva; allá iréis a probar vuestros arcos y vuestros escudos que os daré. ¡Id allá, hijos míos!" Así se nos dijo cuando fuimos a Tulán, antes que llegaran las siete tribus y los guerreros. Y cuando llegamos a Tulán fue terrible, en verdad; cuando llegamos en compañía de las avispas y los abejorros, entre las nubes, la neblina, el lodo, la obscuridad y la lluvia, cuando llegamos a Tulán.

Al instante comenzaron a llegar los agoreros. A las puertas de Tulán llegó a cantar un animal llamado Guardabarranca, cuando salíamos de Tulán. "Moriréis, seréis vencidos, yo soy vuestro oráculo", nos decía el animal. "¿No pedís misericordia para vosotros? ¡Ciertamente seréis dignos de lástima!" Así nos habló este animal, según contaban.

Luego cantó otro animal llamado Tucur, que se había posado en la cima de un árbol rojo, el cual nos habló también diciendo: "Yo soy vuestro oráculo." "Tú no eres nuestro oráculo, como pretendes", le respondimos a esta lechuza. Estaban también allí los mensajeros que llegaron a darnos los ídolos de piedra y de palo, dijeron nuestros padres y antepasados en aquel tiempo. Después cantó otro animal en el cielo, el llamado perico, y dijo también: "Yo soy vuestro mal agüero, ¡moriréis!" Pero nosotros le dijimos a este animal: "Cállate, tú no eres más que la señal del verano. Tú cantas primero cuando sale el verano y después que cesan las lluvias: entonces cantas." Así le dijimos.

Luego llegamos a la orilla del mar. Allí estaban reunidas todas las tribus y los guerreros a la orilla del mar. Y cuando lo contemplaron, se les oprimieron los corazones. "No hay manera de pasarlo; de nadie se ha sabido que haya atravesado el mar", se dijeron entre sí todos los guerreros y las siete tribus. "¿Quién tiene un palo con el cual podamos pasar, hermano nuestro? Solamente en ti confiamos", dijeron todos. Y nosotros les hablamos de esta manera: "Id vosotros, marchad los primeros, cuidadosamente." "¿Cómo pasaremos en verdad los que estamos aquí?" Así decíamos todos. Luego dijeron: "Compadécete de nosotros ¡oh hermano! que hemos venido a amontonarnos aquí a la orilla del mar, sin poder ver nuestras montañas ni nuestros valles. Si nos quedamos a dormir aquí seremos vencidos, nosotros los dos hijos mayores, los jefes y cabezas, los primeros guerreros de las siete tribus ¡oh hermano nuestro! Ojalá que pasáramos y que pudiéramos ver sin tardanza los presentes que nos han dado nuestras madres y nuestros padres ¡oh hermano mío!" Así hablaron entre sí los que engendraron a los quichés. Y dijeron nuestros abuelos Gagavitz y Zactecauh: "Con vosotros hablamos: ¡Manos a la obra, hermanos nuestros! No hemos venido para estarnos aquí amontonados a la orilla del mar, sin poder contemplar a nuestra patria que se nos dijo que veríamos, vosotros nuestros guerreros, nuestras siete tribus. ¡Arrojémonos [al mar] ahora mismo!" Así les dijeron y al punto se llenaron todos de alegría.

"Cuando llegamos a las puertas de Tulán fuimos a recibir un palo rojo que era nuestro báculo, y por esto se nos dio el nombre de Cakchiqueles ¡oh hijos nuestros!", dijeron Gagavitz y Zactecauh. "Hinquemos la punta de nuestros báculos en la arena dentro del mar y pronto atravesaremos el mar sobre la arena sirviéndonos de los palos colorados que fuimos a recibir a las puertas de Tulán." Así pasamos, sobre las arenas dispuestas en ringlera, cuando ya se había ensanchado el fondo del mar y la superficie del mar. Alegráronse todos al punto cuando vieron las arenas dentro del mar. En seguida celebraron consejo. "Allí está nuestra esperanza, allá en las primeras tierras debemos reunirnos — dijeron — ; solamente allí podremos organizarnos ahora que hemos llegado de Tulán."

Lanzáronse entonces y pasaron sobre la arena; los que venían a la zaga entraban en el mar cuando nosotros salíamos por la otra orilla de las aguas. En seguida se llenaron de temor las siete tribus, hablaron entonces todos los guerreros y dijeron las siete tribus: "Aunque ya se han visto los presentes, no se han alegrado vuestros rostros ¡oh señores! ¡oh guerreros! ¿Acaso no fuimos con vosotros al oriente? ¿Acaso no hemos venido a buscar nuestras montañas y nuestros valles, donde podamos ver nuestros presentes, las plumas verdes, las plumas azules, las guirnaldas?" Así dijeron las siete tribus reunidas en consejo. Y diciendo "está bien", dieron fin las siete tribus a su conferencia.

En seguida se dirigieron al lugar de Teozacuancu, fuéronse todos allá y a continuación se encaminaron a otro lugar llamado Meahauh, donde se reunieron. Luego, saliendo de Meahauh, llegaron a otro lugar llamado Valval Xucxuc, donde descansaron. Juntáronse de nuevo y saliendo de allí llegaron a los lugares llamados Tapcu y Olomán.

"Reunidos todos allí, celebramos consejo", decían nuestros padres y abuelos Gagavitz y Zactecauh. Y hallándonos ya en ese lugar, sacamos y desenvolvimos nuestros presentes. Y dijeron todos los guerreros: "¿Quiénes vendrán a ponerse aquí frente a nosotros los soldados, los que damos la muerte, y cuyas armas son bien conocidas ¡oh hermano menor nuestro! ¡oh nuestro hermano mayor!", nos dijeron. Y nosotros les contestamos: "En verdad la guerra está cercana: ataviaos, cubríos de vuestras galas, revestíos de plumas, desenvolvamos nuestros presentes. Aquí tenemos las prendas que nos dieron nuestras madres y nuestros padres. He aquí nuestras plumas, yo soy el que sabe." Así les dijimos. Y en seguida desenvolvimos nuestros presentes, los presentes que teníamos, las plumas, el yeso [para pintarse la cara], las flechas, los escudos y las cotas de algodón.

Así nos presentamos ante todos. Primero nos adornamos con los arcos, los escudos, las cotas de algodón, las plumas verdes, el yeso; nos ataviamos todos de esta manera y les dijimos: "A vosotros os toca, hermanos y parientes nuestros; en verdad el enemigo está a la vista, ataquémosle, probemos nuestras flechas y nuestros escudos. Vamos al instante, tomemos nuestro camino", les dijimos. "No queremos ir a escoger el camino", contestaron. "Escoge tú nuestro camino, hermano, tú que lo conoces", nos dijeron. "Entonces lo escogeremos nosotros", respondimos. Luego nos juntamos y en seguida fuimos a hacer encuentro a una tribu enemiga, los nonoualcas, los xulpiti, así llamados, que se encontraban a la orilla del mar y estaban en sus barcas.

En verdad fue terrible el disparar de las flechas y la pelea. Pero pronto fueron destruidos por nosotros; una parte luchó dentro de las barcas. Y cuando ya se habían dispersado los nonoualcas y xulpiti, dijeron todos los guerreros: "¿Cómo atravesaremos el mar, hermano nuestro?" Así dijeron. Y nosotros respondimos: "En sus canoas pasaremos, sin que nos vean nuestros enemigos."

Así, pues, nos embarcamos en las canoas de los nonoualcas y dirigiéndonos al oriente pronto llegamos allí. Formidables eran, en verdad, la ciudad y las casas de los Zuyva, allá en el oriente. Cuando hubimos llegado a la orilla de las casas nos pusimos a lancearlos, luego que llegamos. Fue terrible realmente cuando nos encontramos entre las casas; era en verdad grande el estruendo. Levantóse una polvareda cuando llegamos; peleamos en sus casas, peleamos con sus perros, con sus aves de corral, peleamos con todos sus animales domésticos. Atacamos una vez, atacamos dos veces, hasta que fuimos derrotados. Unos caminaban por el cielo, otros andaban en la tierra, unos bajaban, otros subían, todos contra nosotros, demostrando su arte mágica y sus transformaciones.

Uno por uno fueron regresando todos los guerreros a los lugares de Tapcu y Olomán. "Llenos de tristeza nos reunimos allí y allí también nos despojamos de las plumas y nos quitamos los adornos ¡oh hijos nuestros!" Así dijeron Gagavitz y Zactecauh.

Enseguida preguntamos: "¿Dónde está vuestra salvación?" Así les dijimos a los quichés. "Puesto que truena y retumba en el cielo, en el cielo está nuestra salvación", dijeron. En consecuencia, se les dio el nombre de tojojiles.

Y dijeron los zotziles: "Sólo podremos vivir y estar a salvo en el pico de la guacamaya." Y por lo tanto se les llamó los cakix.

Luego hablamos nosotros, los cakchiqueles: "Sólo en medio de la llanura estará nuestra salvación, cuando lleguemos a aquella tierra." Y en consecuencia se nos llamó los chitagah.

Otros, llamados gucumatz, dijeron que sólo en el agua había salvación.

Los tukuchées dijeron que la salvación estaba en un pueblo en alto, y en consecuencia se les llamó los ahcicamag.

Y dijeron los akajales: "Sólo nos salvaremos dentro.

de una colmena", y por eso se les dio el nombre de akajales.

De esta manera recibieron todos sus [respectivos] nombres y eran muy numerosos. Pero no se crea que se salvaron. Tampoco debe olvidarse que del oriente vinieron los nombres de todos ellos. "El diablo fue el que nos vino a dispersar", dijeron Gagavitz y Zactecauh.

Y nosotros dijimos, cuando removíamos el seno de nuestras montañas y nuestros valles: "Vamos a probar nuestros arcos y nuestros escudos a alguna parte donde tengamos que pelear. Busquemos ahora nuestros hogares y nuestros valles." Así dijimos.

En seguida nos dispersamos por las montañas; entonces nos fuimos todos, cada tribu tomó su camino, cada familia siguió el suyo. Luego regresaron al lugar de Valval Xucxuc, pasaron al lugar de Memehuyú y Tacnahuyú, así llamados. Llegaron también a Zakiteuh y Zakikuvá, así llamados. Se fueron a Meahauh y Cutamchah y de allí regresaron a los lugares llamados Zakijuyú y Tepacumán. Luego fueron a ver sus montes y sus valles; llegaron al monte Togohil donde le alumbró la aurora a la nación quiché. Fuimos después a Pantzic y Paraxón, donde brilló nuestra aurora ¡oh hijos nuestros! Así contaban nuestros primeros padres y abuelos Gagavitz y Zactecauh.

"Éstos son los montes y llanuras por donde pasaron, fueron y volvieron. No nos vanagloriemos, sólo recordemos y no olvidemos nunca que en verdad hemos pasado por numerosos lugares", decían antiguamente nuestros padres y antepasados.

He aquí los lugares por donde pasaron: Popo Abah, de donde bajaron a Chopiytzel, entre los grandes montones [de rocas], bajo los grandes pinos. Bajaron allá por Mukulicya y Molomic-chée. Encontráronse entonces con Qoxahil y Qobakil, así llamados; en los sitios llamados Chiyol y Chiabak los encontraron. Eran también de los Bacah y únicamente se dedicaban al arte mágica. Cuando los encontraron les preguntaron: "¿Quiénes sois vosotros?" Y contestaron Qoxahil y Qobakil: "¡Oh, Señor!, no nos mates. Somos tus hermanos, somos tus parientes. Somos los únicos que quedamos de los Bacah Pok y los Bacah Xahil y seremos servidores de tu trono, de tu Señorío ¡oh Señor!", contestaron. Y dijeron Gagavitz y Zactecauh: "Tú no eres de mi casa ni de mi familia." Pero aquellos replicaron: "En verdad eres mi hermano y mi pariente." Entonces dijeron las parcialidades: "Son los llamados Telom y Cahibak."

En seguida se marcharon de allí, de Chiyol y Chiabak, y dos veces anduvieron su camino, pasando entre los volcanes que se levantaban en fila, el de Fuego y Hunahpú. Allí se encontraron frente a frente con el espíritu del Volcán de Fuego, el llamado Zaquicoxol. "En verdad, a muchos ha dado muerte el Zaquicoxol y ciertamente causa espanto ver a este ladrón", dijeron.

Allí, en medio del Volcán de Fuego, estaba el guardián del camino por donde llegaron y que había sido hecho por Zaquicoxol. "¿Quién es el muchacho que vemos?", dijeron. En seguida enviaron a Qoxahil y Qobakil, los cuales fueron a observar y a usar de su poder mágico. Y cuando volvieron dijeron que ciertamente su aspecto era temible, pero que era uno solo y no muchos. Así dijeron. "Vamos a ver quién es el que os asusta", dijeron Gagavitz y Zactecauh. Y después que lo vieron le dijeron: "¿Quién eres tú? Ahora te vamos a matar. ¿Por qué guardas el camino?", le dijeron. Y él contestó: "No me mates. Yo vivo aquí, yo soy el espíritu del volcán." Así dijo. Y en seguida pidió con qué vestirse. "Dame tu vestido", dijo. Al instante le dieron el vestido: la peluca, un peto color de sangre, sandalias color de sangre, esto fue lo que llegó a recibir

137

Zaquicoxol. Así fue como se salvó. Se marchó y descendió al pie de la montaña.

Sufrieron entonces un engaño a causa de los árboles y los pájaros. En efecto, oyeron hablar a los árboles, y que los pájaros se llamaban a silbidos allá arriba. Y al oírlos, exclamaron: "¿Qué es lo que oímos? ¿Quién eres tú?", dijeron. Pero era solamente el ruido de los árboles; eran los que chillan en el bosque, los tigres y los pájaros que silbaban. Por este motivo se dio a aquel lugar el nombre de Chitabal.

En seguida partieron de allí. Únicamente mencionaremos en su orden los nombres de cada uno de aquellos lugares: Beleh Chi Gag, Beleh Chi Hunahpú, Xezuh, Xetocoy, Xeuh, Xeamatal, Chi Tzunún-Choy, Xecucú-Huyú, Tzunún-Huyú, Xiliviztán, Zumpancu, Tecpalan, Tepuztán. Luego bajaron a Chol Amag y Zuquitán. Ciertamente era difícil su lenguaje; sólo los bárbaros entendían su idioma. Nosotros interrogamos a los bárbaros llamados Loxpín y Chupichín y les dijimos cuando llegamos: vaya vaya ela opa. Se sorprendieron los de Chol Amag cuando les hablamos en su idioma; se asustaron, pero nos respondieron con buenas palabras.

Llegaron después por segunda vez a los lugares de Memehuyú y Tacnahuyú. [Sus habitantes] no hablaban claro, eran como tartamudos. Pero ciertamente eran buenas gentes. Nos hablaron tratando de seducirnos para que nos demoráramos allí y aprendiéramos su lengua, diciéndonos: "Tú, Señor, que has llegado y estás con nosotros, nosotros somos tus hermanos, tus parientes, quédate aquí con nosotros." Así dijeron. Querían que olvidáramos nuestra lengua, pero nuestros corazones sentían desconfianza cuando llegamos ante ellos.

He aquí algunos de los nombres de los lugares a donde llegaron: Zakiteuh, Zakiquá, Niqah Zubinal, Niqah Chacachil, Tzulahauh, Ixbacah, Niqah Nimxor, Niqah

Moinal, Niqah Carchah. Llegaron ante los hijos de Valil, los hijos de Tzunún; llegaron ante Mevac y Nacxit que era en verdad un gran rey. Entonces los agasajaron y fueron electos Ahauh Ahpop y Ahpop Qamahay. Luego los vistieron, les horadaron la nariz y les dieron sus cargos y las flores llamadas Cinpual. Verdaderamente se hizo querer de todos los guerreros. Y dirigiéndose a todos, dijo el Señor Nacxit: "Subid a estas columnas de piedra, entrad a mi casa. Os daré a vosotros el señorío, os daré las flores Cinpuval Taxuch. No les he concedido la piedra a otros", agregó. Y en seguida subieron a las columnas de piedra. De esta manera se acabó de darles el señorío en presencia de Nacxit y se pusieron a dar gritos de alegría.

Luego se encontraron con los de Mimpokom y los de Raxchich, cuyo pueblo se llama Pazaktzuy. Los pokomames pusieron a la vista todos sus presentes y bailaron sus danzas. Las hembras de los venados, las hembras de las aves, la caza del tirador de venado, trampas y liga [para coger a los pájaros], eran los presentes de los de Raxchich y Mimpokom.

Pero las siete tribus los observaban de lejos. Luego enviaron al animal Zakbim para que fuera a espiarlos, y enviaron también a Qoxahil y Qobakil para que pusieran en juego sus artes de magia. Cuando se fueron a hacer su observación les dijeron: "Id a ver quiénes son los que se acercan y si son nuestros enemigos." Así les dijeron. Llegaron los de Mukchée, pero no se presentaron pronto y no fueron a espiar. Llegó por fin la señal de Zakbim, el sonido de una calabaza y una flauta de reclamo. "Ahora iremos a veros", dijeron. Grande es en verdad su poder y están bailando una danza magnífica. "Son muy numerosos", dijeron cuando llegaron. Y Gagavitz y Zactecauh ordenaron a sus compañeros: "Poneos vuestros arreos como para entrar en batalla." Así dijeron.

Armáronse entonces de sus arcos y sus escudos y ataviados de esta manera se mostraron ante los pokomames. Llenáronse éstos al punto de terror y los nuestros los prendieron en seguida y los atormentaron.

Luego encontraron a los dos llamados Loch el uno y Xet el otro. Los encontraron allá al pie de Cucuhuyú y Tzununhuyú. Y cuando los encontraron dijeron éstos: "No nos mates, Señor, nosotros seremos los servidores de tu trono y tu poder." Así dijeron y poco después entraron a servir llevando los arcos y los tambores. Regresaron y con una calabaza fabricaron una trampa para coger pájaros. Allí se separaron y por esa razón se dio al lugar el nombre de Tzaktzuy, que fue el símbolo que tomaron los Ahquehay, los primeros padres y abuelos que engendraron a los Ahquehay. Así fue como llegaron, decían, y estuvieron en el lugar nombrado. Una parte de la parcialidad llegó ¡oh hijos míos! y así fue verdaderamente cómo nuestros primeros padres y abuelos nos engendraron y nos dieron el ser a nosotros la gente de cakchiquel.

Fueron después a reunirse al lugar de Oronic Cakhay, a donde llegaron todos los guerreros de las siete tribus. Y dijeron Gagavitz y Zactecauh, dirigiéndose a los quichés: "Vamos todos a ese lugar, conquistemos la gloria de todas las siete tribus de Tecpán, rebajemos su orgullo. Tú cuenta sus caras, tú permanecerás en Cakhay. Yo entraré al lugar de Cakhay, yo los conquistaré y abatiré su espíritu. Iré a aquel lugar a vencerlos, allí donde no han sido vencidos todavía. Así dijeron. Pronto llegaron, en efecto; llegaron a Cakhay y al instante comenzaron a pasar todos, pero allá dentro del lugar desfalleció su espíritu. Luego comenzó a llover y dieron con el monte ardiendo y no pudieron seguir hasta el interior del lugar. Dijeron entonces: "¡Oh Señor! yo te daré la carne del venado y la miel, yo que soy cazador, que soy dueño de la miel, pero no puedo pasar, dijo, porque el monte está ardiendo." De esta manera ofrendaron el venado y la miel, a causa de la quema del monte.

Salieron de allí y llegaron a Tunacotzih y Gahinak Abah. Loch y Xet probaron allí sus arcos y tambores y por haber tocado sus tambores se dio al lugar el nombre de Tunacotzih.

Por aquel tiempo encontraron a los Cavek, allí bajo los grandes pinos, en el paraje llamado Ximbal Xuk. Se oía entonces el canto de las codornices bajo los altos pinos, por arte de encantamiento de los Cavek. Gagavitz y Zactecauh les preguntaron: "¿Quiénes sois vosotros? ¿Qué es lo que dicen [las aves]?", les dijeron. Y Loch y Xet respondieron: "Son nuestros servidores ¡oh Señor! y sólo están lanzando sus quejas", dijeron. En seguida llevaron sus presentes: redes para cazar pájaros, fibra de maguey, instrumentos, sandalias, éstos eran sus presentes. No llevaban otros porque sólo hacían sus casas de cueros de venado, y por esta razón se les llamaba los Ahquehay.

Luego extendieron las trampas sobre los árboles y cogieron en ellas a las codornices bajo los grandes pinos. Trajeron después las codornices en las redes y ofreciéndolas dijeron: "¡Oh Señor!, no me mates." "¿Quién eres tú?", les contestaron. Y ellos replicaron: "Fuimos vencidos por los Señores quichés, nosotros tus hermanos y parientes, nosotros los Cavek. No tenemos otras riquezas que las cuentas amarillas", dijeron cuando se las entregaron los padres y antecesores de los Cavek. Eran dos varones llamados Totumay el primero y Xurcah el segundo y eran vasallos del llamado Cavek Paoh. Y dirigiéndose a ellos dijo Gagavitz: "Vosotros seréis la cuarta de nuestras parcialidades: los Gekaquch, los Bakahol, los Cavek y los Zibakihay." Así les dijo. "En verdad, vosotros sois nuestros hermanos, nuestros parientes."

Y hablando a los Ahquehay les dijo también: "Vosotros os contaréis entre nuestra parcialidad, seréis los obreros de nuestras construcciones, los trabajadores diligentes. Ya no sois siervos, arrojad las redes. Los Cavek son recibidos, ellos forman parte de nuestra tribu." Así dijeron en otro tiempo nuestros padres, nuestros antecesores ¡oh hijos míos! Así, pues, no debemos olvidar las palabras de aquellos jefes.

4. RABINAL ACHÍ [7]

Segundo Acto

EL VARÓN DE LOS QUECHÉ

Llega ante el jefe Cinco-Lluvia.

¡Te saludo, varón! Soy el que acaba de llegar a la entrada de los vastos muros, de la vasta fortaleza, donde extiendes tus manos, donde extiendes tu sombra. Vinieron a dar la noticia de mi presencia a tus labios, a tu cara.

Soy valiente, un varón, porque tu valiente, tu varón, destacado entre los varones, el Varón de Rabinal, vino a lanzar su reto, su grito, a mis labios, a mi cara.

"He trasmitido la noticia de tu presencia a la cara de mi Gobernador, de mi mandatario, en los vastos muros, en la vasta fortaleza.

"La voz de mi Gobernador, de mi mandatario dijo esto: 'Haz, pues, que entre ese valiente, ese varón, ante mis labios, ante mi cara, para que vea en sus labios, para que vea en su cara, lo valiente que es él, lo varón que es él.'

"Advierte a ese valiente, a ese varón, que no haga estruendo, que no escandalice, que se humille, que humille su cara, cuando llegue a la entrada de los vastos muros, a la entrada de la vasta fortaleza'."

¡Pues bien!, soy un valiente, soy un varón, y si tengo que humillarme, que humillar mi cara, aquí tengo con que humillarme; aquí está mi flecha, aquí está mi es-

[7] *Cf. Teatro Indígena Prehispánico (Rabinal Achí).* Prólogo de Francisco Monterde, México, Universidad Nacional Autónoma de México, 1955. De esta edición tomamos la versión que reproducimos.

cudo, con que yo doblegaré tu destino, el día de tu nacimiento; golpearé la parte inferior de tus labios, la parte superior de tus labios, y vas a resentirlo, ¡oh jefe!

Amenaza con sus armas al jefe Cinco-Lluvia.

IXOK-MUN

Valiente, varón, hombre de los Cavek Queché, no mates a mi Gobernador, mi mandatario, el jefe Cinco-Lluvia, en los vastos muros, en la vasta fortaleza, donde está encerrado.

EL VARÓN DE LOS QUECHÉ

Haz, pues, que preparen mi banco, mi asiento, porque así era como en mis montañas, en mis valles, se ilustraba mi destino, se ilustraba el día de mi nacimiento.

Allá tengo mi banco, allá tengo mi asiento. ¿Me quedaré en este lugar expuesto a la helada, me quedaré expuesto al frío? Esto dice mi voz ante el cielo, ante la tierra.

¡El cielo, la tierra estén contigo, jefe Cinco-Lluvia!

EL JEFE CINCO-LLUVIA

Valiente, varón, hombre de los Cavek Queché: gracias al cielo, gracias a la tierra, has llegado a los vastos muros, a la vasta fortaleza donde extiendo mis manos, extiendo mi sombra, yo el abuelo, el jefe Cinco-Lluvia.

Así pues, dí, revela, ¿por qué imitaste el grito del coyote, el grito del zorro, el grito de la comadreja, más allá de los vastos muros, más allá de la vasta fortaleza, para provocar, para atraer a mis blancos niños, mis blancos hijos; para atraerlos ante los vastos muros, la vasta fortaleza, en Iximché; para tratar de hallar, de encontrar, la miel amarilla, la miel verde de las abejas, el alimento que era para mí, el abuelo, el jefe Cinco-Lluvia, en los vastos muros, en la vasta fortaleza?

Fuiste quien secuestró a los nueve, a los diez blancos niños, blancos hijos, que estuvieron a punto de ser llevados a las montañas Queché, a los valles Queché, si mi arrojo, mi bravura, no se hubieran hallado alertas; porque allá habrías cortado la raíz, el tronco de los blancos niños, de los blancos hijos.

Viniste, también, a secuestrarme allá en los Baños. Allá fui apresado por el hijo de tu flecha, el hijo de tu escudo.

Me encerraste en la piedra, la cal, en las montañas Queché, en los valles Queché; allá habrías acabado por cortar mi raíz, mi tronco, en las montañas Queché, los valles Queché.

Por eso mi valiente, mi varón, el más destacado entre los varones, el Varón de Rabinal, me libertó de allá, me arrancó de allá, con ayuda del hijo de su flecha, el hijo de su escudo.

Si no hubiese existido mi valiente, mi varón, efectivamente allí habrías cortado mi raíz, mi tronco.

Así me trajeron nuevamente a los vastos muros, a la vasta fortaleza. Asolaste también dos, tres pueblos; las ciudades con barrancos de Balamvac, donde el suelo pedregoso resuena bajo las pisadas; de Calcaraxah, Cunu, Gozibal-Tagah-Tulul, llamadas así.

¿Cuándo dejará de dominarte el deseo de tu corazón, de tu decisión, de tu denuedo? ¿Hasta cuándo permitirás que obren, permitirás que se agiten?

Esa decisión, ese denuedo, ¿no quedaron sepultados, ocultos, en Cotom, en Tikiram, en Beleheh Mokoh, en Belehe Chumay?

Esa decisión, ese denuedo ¿no fueron a hacerse sepultar, a hacerse ocultar, por nosotros los gobernadores, nosotros los mandatarios, en cada uno de los muros, de la fortaleza?

Mas tú pagarás eso aquí, bajo el cielo, sobre la tierra. Has dicho, pues, adiós a tus montañas, a tus valles, porque aquí morirás, fallecerás, bajo el cielo, sobre la tierra.

¡El cielo, la tierra, estén contigo, hombre de los Cavek Queché!

EL VARÓN DE LOS QUECHÉ

Jefe Cinco-Lluvia, dame tu aprobación ante el cielo, ante la tierra. Efectivamente aquí están las palabras, efectivamente aquí están las opiniones que tú has expresado ante el cielo, ante la tierra; efectivamente he obrado mal.

Tu voz también dijo: "¿No has provocado, llamado a los blancos niños, los blancos hijos, para atraerlos a buscar, a descubrir la miel amarilla, la miel verde de las abejas, el alimento que era para mí, el abuelo, el jefe Cinco-Lluvia, en los vastos muros, en la vasta fortaleza?"

Eso dijo tu voz. Efectivamente procedí mal, debido al deseo de mi corazón, porque no había logrado adueñarme de esas hermosas montañas, de esos hermosos valles, aquí bajo el cielo, sobre la tierra.

Tu voz también lo ha dicho: "Fuiste quien vino a secuestrarme; quien se apoderó de mí en los Baños." Eso dijo tu voz. Efectivamente he obrado mal, debido al deseo de mi corazón.

Tu voz dijo también: "Asolaste dos, tres pueblos; las ciudades con barrancos de Balamvac, donde el suelo pedregoso resuena con las pisadas; de Calcaraxah, Cunu, Gozibal-Tagah-Tulul." Eso dijo tu palabra.

Efectivamente procedí mal, debido al deseo de mi

corazón, porque no había logrado adueñarme de las hermosas montañas, de los hermosos valles, aquí bajo el cielo, sobre la tierra.

Tu voz ha dicho también: "Dí adiós a tus montañas, a tus valles; dí tu voz, porque aquí morirás, fallecerás; aquí cortaremos tu raíz, tu tronco; aquí bajo el cielo, sobre la tierra." Eso dijo tu voz.

Efectivamente desobedecí tu voz, tus mandamientos, aquí ante el cielo, ante la tierra, debido al deseo de mi corazón.

Si es preciso que yo muera aquí, que fallezca aquí, entonces esto es lo que dice mi voz a tus labios, a tu cara: Ya que estás bien provisto, que estás abastecido, en los altos muros, en la alta fortaleza, concédeme tu alimento, tus bebidas: esas bebidas de jefes llamadas Ixtatzunun; las doce bebidas, los doce licores embriagantes, dulces, refrescantes, alegres, atrayentes, que se beben antes de dormir, en los vastos muros, en la vasta fortaleza, y también los portentos de tu madre, de tu señora.

Las probaré un instante, como suprema señal de mi muerte, de mi fallecimiento, bajo el cielo, sobre la tierra. Eso dice mi palabra.

¡El cielo, la tierra, estén contigo, jefe Cinco-Lluvia!

EL JEFE CINCO-LLUVIA

¡Valiente, varón, hombre de los Cavek Queché! Esto dijo tu voz ante el cielo, ante la tierra: "Concédeme tu alimento, tus bebidas. Las recibiré para probarlas." Esto dijo tu voz. Pues yo te las doy, pues yo te las otorgo.

Servidores, servidoras, que traigan mi alimento, mis bebidas. Que las den a ese valiente, ese varón, hombre de los Cavek Queché, como suprema señal de su muerte, de su fallecimiento, aquí bajo el cielo, sobre la tierra.

147

Está bien, mi Gobernador, mi mandatario. Los daré a ese valiente, a ese varón, hombre de los Cavek Queché.

> Traen los sirvientes una mesa cargada de manjares y bebidas.

Prueba algo del alimento, las bebidas, de mi Gobernador, mi mandatario, el abuelo, el jefe Cinco-Lluvia, en los vastos muros, en la vasta fortaleza en la cual vive en su encierro mi Gobernador, mi mandatario, valiente varón.

EL VARÓN DE LOS QUECHÉ

> Come y bebe, con desdén. A continuación se va a bailar ante la corte. Después regresa y dice:

¡Oh jefe Cinco-Lluvia! ¿Es ése tu alimento, es ésa tu bebida? Efectivamente nada hay que decir, nada hay en uno y en otra que los recomiende a mis labios, a mi cara.

¡Si probaras un instante, en mis montañas, en mis valles, las bebidas atrayentes, gratas, alegres, dulces, refrescantes, que pruebo en mis montañas, en mis valles!

¡Mi voz dice esto ante el cielo, ante la tierra!

¿Es ésa la mesa de tus manjares; es ésa la copa en que bebes? . . . ¡Pero si ése es el cráneo de mi abuelo; ésa es la cabeza de mi padre, la que veo, la que contemplo! ¿No se podría hacer lo mismo con los huesos de mi cabeza, con los huesos de mi cráneo; cincelar mi boca, cincelar mi cara?

De ese modo, al salir de mis montañas, de mis valles, mis niños, mis hijos dirán: "Aquí está el cráneo de nuestro abuelo, de nuestro padre."

Eso dirán mis niños, mis hijos, aquí, del amanecer a la noche.

Está aquí, también, el hueso de mi brazo; aquí está el mango de la calabaza de metales preciosos que resonará, que producirá estruendo, en los vastos muros, en la vasta fortaleza.

Está aquí, también, el hueso de mi pierna; está aquí la baqueta del tambor grande, del tamboril, que harán palpitar el cielo, la tierra, en los vastos muros, en la vasta fortaleza.

Está aquí lo que dice también mi voz: "Te prestaré la obra pulida, brillante, esplendente, muy bien tramada, labor de mi madre, de mi señora, para que te adornes con ella en los vastos muros, en la vasta fortaleza, en los cuatro rincones, en los cuatro lados, como suprema señal de mi muerte, de mi fallecimiento, aquí bajo el cielo, sobre la tierra."

EL JEFE CINCO-LLUVIA

¡Valiente, varón, hombre de los Cavek Queché! ¿Qué quieres, pues, qué es lo que solicitas? No obstante, yo te lo daré, como suprema señal de tu muerte, de tu fallecimiento aquí bajo el cielo, sobre la tierra.

Servidores, servidoras, que traigan la obra pulida, brillante, esplendente, muy bien tramada, labor que han hecho en los vastos muros, en la vasta fortaleza, y la den a ese valiente, a ese varón, como suprema señal de su muerte, de su fallecimiento, aquí bajo el cielo, sobre la tierra.

UN SIRVIENTE

Está bien, mi Gobernador, mi mandatario. Daré a ese valiente, a ese varón lo que pide. Valiente varón, aquí

149

está esa labor bien tramada que deseas, que solicitas. Te la doy, pero no la deshagas, no la maltrates.

Entrega el sirviente al varón una especie de manto en que se envuelve.

EL VARÓN DE LOS QUECHÉ

A esas flautas, esos tambores, ¿les sería posible sonar ahora como mi flauta, como mi tambor? Toquen, pues, la melodía grande, la melodía breve.

Que toque mi flauta yaqui [extranjera], mi tambor yaqui, mi flauta queché, mi tambor queché, la danza del preso, del cautivo en mis montañas, en mis valles, como para que haga palpitar el cielo, para que haga palpitar la tierra.

Que nuestra frente, nuestra cabeza se dobleguen, cuando demos vueltas golpeando con el pie; cuando bailemos, cadenciosos, golpeando el suelo, con los servidores, con las servidoras, aquí bajo el cielo, sobre la tierra.

Esto dice mi voz ante el cielo, ante la tierra.

¡El cielo, la tierra, estén con ustedes, oh flautas, oh tambores!

Danza el varón en ronda, ante la corte, y en cada rincón lanza su grito de guerra.

¡Oh jefe Cinco-Lluvia! Dame tu aprobación, ante el cielo, ante la tierra. Aquí tienes lo que me habías prestado, lo que me habías concedido.

Vengo a devolverlo, vengo a dejarlo suspendido a la entrada de los vastos muros, de la vasta fortaleza. Consérvalo, guárdalo en su cubierta, en su caja, en los vastos muros, en la vasta fortaleza.

Accediste a mis deseos, a mi petición, ante el cielo, ante la tierra, y lo he expresado en los vastos muros, la vasta fortaleza; en los cuatro rincones, en los cuatro lados, como suprema señal de mi muerte, de mi fallecimiento, aquí bajo el cielo, sobre la tierra.

Pero si es verdad que estás bien provisto, que tú estás abastecido, en los vastos muros, en la vasta fortaleza, concédeme a la Madre de las Plumas, la Madre de los Verdes Pajarillos, la Piedra Preciosa, t aída de Tzam-Gam-Carchag, cuyos labios están aún por estrenar, cuya cara no ha sido tocada, para que estrene su boca, estrene su cara.

Que baile con ella, que yo la muestre en los vastos muros, en la vasta fortaleza, en los cuatro rincones, en los cuatro lados, como suprema señal de mi muerte, de mi fallecimiento, bajo el cielo, sobre la tierra.

¡El cielo, la tierra, estén contigo, jefe Cinco-Lluvia!

EL JEFE CINCO-LLUVIA

¡Valiente, varón, hombre de los Cavek Queché! ¿Qué quieres, pues, qué es lo que solicitas? No obstante, yo te concedo lo que quieres, porque aquí está confinada la Madre de las Plumas, la Madre de los Verdes Pajarillos, la Piedra Preciosa, traída de Tzam-Gam-Carchag, cuyos labios están aún por estrenar, cuya faz no ha sido tocada; y te la concedo, valiente, varón, como suprema señal de tu muerte, de tu fallecimiento, aquí bajo el cielo, sobre la tierra.

Servidores, servidoras, que conduzcan aquí a la Madre de las Plumas, la Madre de los Verdes Pajarillos; que den a ese valiente, que den a ese varón lo que él quiere, lo que él solicita, como suprema señal de su muerte, de su fallecimiento, aquí bajo el cielo, sobre la tierra.

Está bien, mi Gobernador, mi mandatario. Voy a darla a ese valiente, a ese varón.

> Conducen a la Madre de las Plumas ante el Varón de los Queché.

Aquí está, valiente, varón, hombre de los Cavek Queché. Te doy lo que quieres, lo que solicitas; mas no ofendas, no lastimes a la Madre de las Plumas, la Madre de los Verdes Pajarillos, la Piedra Preciosa. Muéstrala al bailar, solamente, en los vastos muros, en la vasta fortaleza.

> El Varón de los Queché saluda a la doncella, que se mantiene alejada de él mientras baila, vuelto siempre el rostro hacia aquél, quien la sigue en igual forma, ondulando ante ella, lo mismo que un manto. De ese modo dan vuelta en torno a la corte, al son de las trompetas y después vuelven a situarse cerca del jefe Cinco-Lluvia.

EL VARÓN DE LOS QUECHÉ

Jefe Cinco-Lluvia, dame tu aprobación ante el cielo, ante la tierra. Aquí tienes a aquella a quien me proporcionaste, me concediste por compañera.

Ya fui a mostrarla, fui a bailar con ella en los cuatro rincones, en los cuatro lados, en los vastos muros, en la vasta fortaleza. Ahora consérvala, guárdala, en los vastos muros, en la vasta fortaleza.

Mi voz dice también: Recuérdalo, debes prestarme las doce águilas amarillas, los doce jaguares amarillos que encontré de día, de noche, con sus armas, sus dardos en la mano.

Préstamelos para ir con ellos a practicar con el hijo de mi flecha, con el hijo de mi escudo en los cuatro rincones, en los cuatro lados, en los vastos muros, en la vasta fortaleza, únicamente, como suprema señal de mi muerte, de mi fallecimiento, aquí bajo el cielo, sobre la tierra.

¡El cielo, la tierra, estén contigo, jefe Cinco-Lluvia!

EL JEFE CINCO-LLUVIA

¡Valiente, varón, hombre de los Cavek-Queché! Tu voz dice esto ante el cielo, ante la tierra: "Que pueda yo prestarte las doce águilas amarillas, los doce jaguares amarillos." Esto dice tu palabra.

Pues bien, te concedo, te presto las doce águilas amarillas, los doce jaguares amarillos; que quieres, que pides a mis labios, a mi cara.

Vayan, pues, ¡oh, mis águilas, mis jaguares! Procedan de modo que ese valiente, ese varón, pueda ir con todos a practicar la esgrima con el hijo de su flecha, el hijo de su escudo, en los cuatro rincones, en los cuatro lados.

EL VARÓN DE LOS QUECHÉ

Sale con las águilas y los jaguares, y ejecuta con ellos una danza de guerra, en torno de la corte. Después regresa al estrado en donde está el jefe Cinco-Lluvia con su familia.

Jefe Cinco-Lluvia, dame tu aprobación ante el cielo, ante la tierra. Me has concedido lo que yo quería, lo que te pedí: las águilas amarillas, los jaguares amarillos. He ido con ellos a practicar la esgrima con el hijo de mi flecha, con el hijo de mi escudo.

¿Son ésas, pues, tus águilas; son ésos, pues, tus jaguares? No se puede hablar de ellos ante mis labios, ante mi faz, porque algunos ven, algunos no ven; no tienen dientes, no tienen garras.

¡Si vinieras a ver, un instante, los de mis montañas,

de mis valles! Aquellos ven vigorosamente; luchan, combaten con dientes y garras.

EL JEFE CINCO-LLUVIA

Valiente, varón, hombre de los Cavek Queché, hemos visto los dientes de las águilas, de los jaguares que están en tus montañas, en tus valles. ¿Cómo es, pues, la vista, la mirada, de tus águilas, de tus jaguares, que están en tus montañas, que están en tus valles? ...

EL VARÓN DE LOS QUECHÉ

Jefe Cinco-Lluvia, dame tu aprobación, ante el cielo, ante la tierra. Esto dice mi voz, a tus labios, a tu cara: Concédeme trece veces veinte días, trece veces veinte noches, para que vaya a decir adiós a la cara de mis montañas, a la cara de mis valles, adonde iba antes a los cuatro rincones, a los cuatro lados, a buscar, a obtener lo necesario para alimentarme, para comer.

> Nadie responde al Varón de los Queché, quien al bailar desaparece un instante. Después, sin regresar al estrado en donde el jefe Cinco-Lluvia está sentado, se acerca a las águilas y los jaguares, colocados en medio de la corte, en torno de algo como un altar.

¡Oh águilas! ¡Oh jaguares! "Se ha marchado", dijeron hace poco. No me había marchado; fui solamente a decir adiós a la cara de mis montañas, a la cara de mis valles, donde antes iba a buscar algo para alimentarme, para comer, en los cuatro rincones, en los cuatro lados

¡Ah, oh cielo! ¡Ah, oh tierra! Mi decisión, mi denuedo, no me han servido. Busqué mi camino bajo el cielo, busqué mi camino sobre la tierra, apartando las yerbas, apartando los abrojos. Mi decisión, mi denuedo, no me han servido.

¡Ah, oh cielo! ¡Ah, oh tierra! ¿Debo, realmente, morir, fallecer aquí, bajo el cielo, sobre la tierra?

¡Oh mi oro! ¡Oh mi plata! ¡Oh hijos de mi flecha, hijos de mi escudo! ¡Que mi maza yaqui, mi hacha yaqui, mis guirnaldas, mis sandalias, vayan a mis montañas, a mis valles!

Que lleven mis noticias ante mi Gobernador, mi mandatario: "Hace mucho tiempo que mi decisión, que mi denuedo, buscan, hallan mi alimento, mi comida."

Eso dijo la voz de mi Gobernador, de mi mandatario; que ya no lo diga, puesto que sólo aguardo mi muerte, mi fallecimiento, bajo el cielo, sobre la tierra.

¡Ah, oh cielo! ¡Ah, oh tierra! Ya que es necesario que muera, que fallezca aquí bajo el cielo, sobre la tierra, ¡cómo no puedo cambiarme por esa ardilla, ese pájaro, que mueren sobre la rama del árbol, sobre el retoño del árbol donde consiguieron con qué alimentarse, con qué comer, bajo el cielo, sobre la tierra!

¡Oh águilas! ¡Oh jaguares! Vengan, pues, a cumplir su deber; que sus dientes, que sus garras me maten en un momento, porque soy un varón llegado de mis montañas, de mis valles.

¡El cielo, la tierra estén con todos! ¡oh águilas! ¡oh jaguares!

> Las águilas y los jaguares rodean al Varón de los Queché; se supone que lo tienden sobre la piedra de los sacrificios, para abrirle el pecho, mientras todos los presentes bailan en ronda.

BIBLIOGRAFÍA MÍNIMA

Barrera Vásquez, Alfredo, "Problemas que ofrece la traducción de los documentos mayas postcortesianos". *El México Antiguo*. Vol. 5, pp. 83-86. México, 1937.

——, "El Códice Pérez". *Rev. Mex. de Estudios Antropol.*, vol. 3, pp. 69-83. México, 1939.

——, "Canción de la danza del Arquero Flechador" *Tlalocan*. Vol. I, pp. 273-77. Sacramento, Cal. 1944.

——, y Silvia Rendón, Eds. *El Libro de los Libros de Chilam Balam*. Fondo de Cultura Económica. Biblioteca Americana. México, 1948. Segunda edición, Colección Popular, 1963.

Brinton, Daniel G., *El Folk-lore de Yucatán*. Trad. por Enrique Leal. Con una breve noticia y nuevas notas por Alfredo Barrera Vásquez. Ed. del Museo de Yucatán. Mérida, 1937.

Códice de Calkiní. Proemio y versión del Prof. Alfredo Barrera Vásquez. Publ. del Gobierno del Estado de Campeche. Campeche, 1957.

El Libro de Chilam Balam de Chumayel. Ed. y versión de Antonio Mediz Bolio. San José, Costa Rica, 1930.

The Book of Chilam Balam of Chumayel. Ed. and Version by Ralph L. Roys. Carnegie Institution of Washington. Washington, 1933.

Landa, Fray Diego de, *Relación de las Cosas de Yucatán*. Introducción y notas por Héctor Pérez Martínez. Editorial Pedro Robredo. México, 1938.

Lizardi Ramos, César, "Los Jeroglíficos Mayas y su Desciframiento". *Esplendor del México Antiguo*, vol. I, pp. 243-262. México, 1959.

Memorial de Sololá. Anales de los Cakchiqueles y *Título de los Señores de Totonicapán*. Edición de Adrián Recinos. Fondo de Cultura Económica. Biblioteca Americana. México, 1950.

Morley, Sylvanus G., *La Civilización Maya*. Fondo de Cultura Económica. México, 1953.

Popol Vuh. Las Antiguas Historias del Quiché. Edición de Adrián Recinos. Fondo de Cultura Económica. Biblioteca Americana. México. Primera edición, 1947. Segunda edición, 1953. Tercera edición, Colección Popular, 1960.

Redfield, Robert, y Villa Rojas, Alfonso, *Chan Kom. A Maya Village*. The University of Chicago Press. Chicago,

1962. (First published in 1934 by the Carnegie Institution of Washington.)

Roys, Ralph L., "Study of Maya Colonial Documents". Carnegie Institution of Washington. Year Book 34, pp. 148-50, Washington, 1935.

———, "Study of Maya Colonial Documents". Carnegie Institution of Washington. Year Book 36, pp. 157-58. Washington, 1937.

———, *The Indian Background of Colonial Yucatan.* Carnegie Institution of Washington. Pub. 548. Washington, 1943.

Sodi M., Demetrio, *La Poesía Maya.* Folleto que acompaña al disco "Poesía Maya", Ed. Universidad Nacional Autónoma de México. Col. Voz Viva de México. L.M./6. México, 1963.

Teatro Indígena Prehispánico (Rabinal Achí). Prólogo de Francisco Monterde. Biblioteca del Estudiante Universitario, Nº 71. Ediciones de la Universidad Nacional Autónoma de México. México, 1955.

Thompson, J. E., *La Civilización de los Mayas.* Publicaciones del Depto. de Bibliotecas. Sría. de Educ. Pública. México, 1936.

———, *Maya Hieroglyphyc Writing. Introduction.* Carnegie Institution of Washington. Pub. 589. Washington, D. C., 1950.

———, *Grandeza y Decadencia de los Mayas.* Fondo de Cultura Económica. México, 1959.

Tozzer, Alfred M., *A comparative study of the Mayas and the Lacandones,* New York, 1907.

Villa Rojas, Alfonso, *The Maya of East Central Quintana Roo.* Carnegie Institution of Washington. Pub. 559. Washington, D. C., 1945.

ÍNDICE GENERAL

IMPRESO Y HECHO EN MÉXICO
PRINTED AND MADE IN MEXICO
IMPRESO EN LOS TALLERES DE
OFFSET LIBRA.
AV. JUÁREZ No. 18
COL. IZTACALCO, C.P. 08830
MÉXICO, D.F.

REIMPRESIÓN DE 1 000 EJEMPLARES
Y SOBRANTES PARA REPOSICIÓN
30-V-88